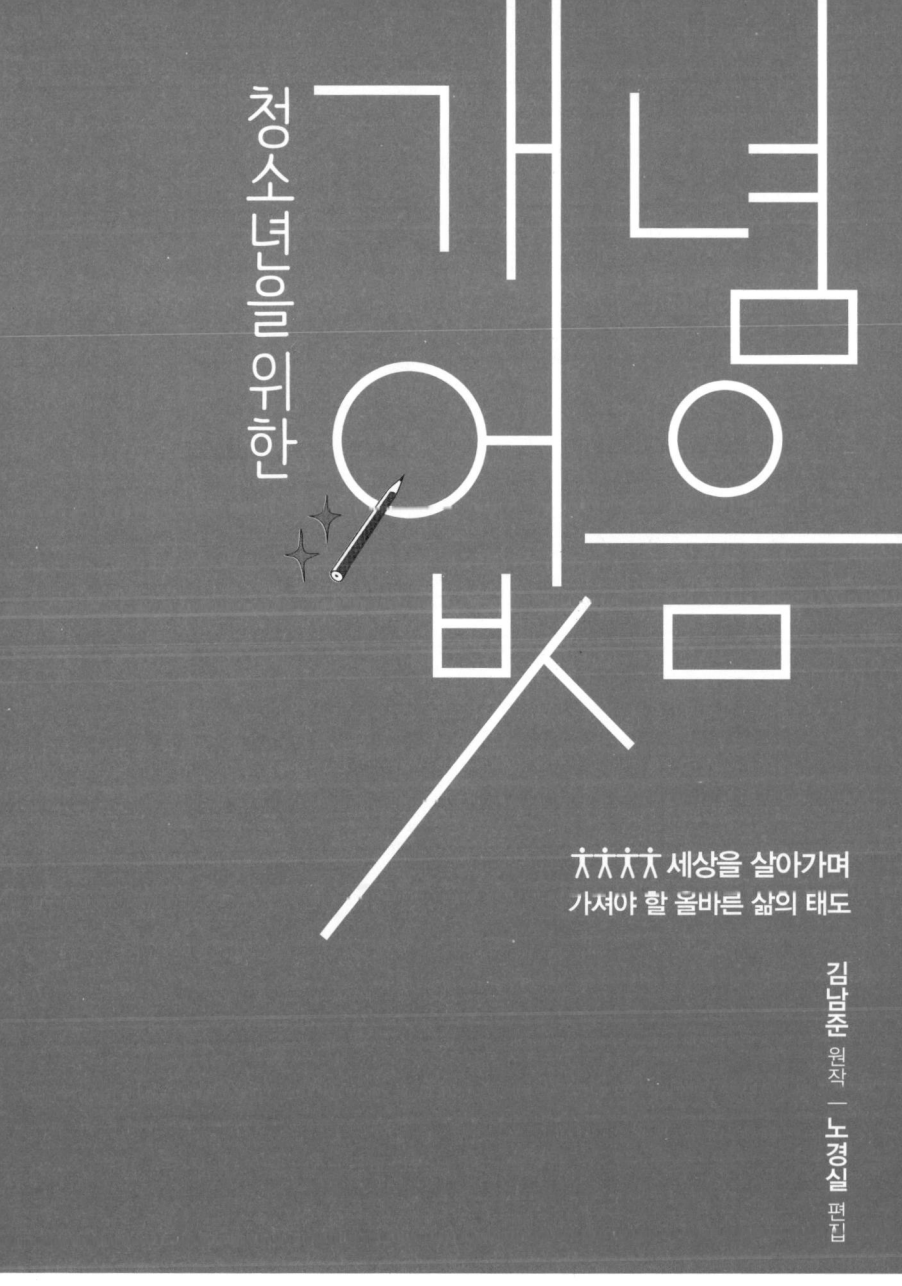

청소년을 위한
개념 없음

★★★★ 세상을 살아가며
가져야 할 올바른 삶의 태도

김남준 원작 | 노경실 편집

생명의말씀사

청소년을 위한
개념없음

ⓒ 생명의말씀사 2017

2017년 10월 25일 1판 1쇄 발행
2023년 10월 24일　　7쇄 발행

펴낸이 | 김창영
펴낸곳 | 생명의말씀사

등록 | 1962. 1. 10. No.300-1962-1
주소 | 서울시 종로구 경희궁1길 6 (03176)
전화 | 02)738-6555(본사) · 02)3159-7979(영업)
팩스 | 02)739-3824(본사) · 080-022-8585(영업)

원작 | 김남준
편집 | 노경실

기획편집 | 유선영, 정설아, 태현주
디자인 | 조현진, 윤보람
인쇄 | 영진문원
제본 | 다온바인텍

ISBN 978-89-04-23017-4 (03230)

저작권자의 허락 없이 이 책의 일부 또는 전체를
무단 복제, 전재, 발췌하면 저작권법에 의해 처벌을 받습니다.

청소년을 위한 개념없음

* 본서는 김남준 목사의 『개념없음』을 청소년의 눈높이에 맞추어 재구성한 책입니다.

★★★★ 책을 열며

여는 이야기 하나

 청소년 여러분 반갑습니다!

혹시 물다짐 공법이라고 들어 보았나요? 건설 현장에서 땅을 단단하게 다질 때 쓰는 방법입니다. 장비를 사용하기에는 공간이 너무 좁거나 주변 건축물에 충격을 주지 않아야 할 때 사용되는데, 시공 방법은 매우 간단합니다. 물을 뿌려 흙을 충분히 적셨다가 말리는 일을 반복하는 것이지요. 그러다 보면 흙 사이의 작은 구멍이나 빈틈이 물로 메워지면서 자연스럽게 땅이 단단하게 굳어집니다.

그런데 이것은 땅이 평지이고, 흙도 물 빠짐이 잘되는 좋은 토질일 때 가능한 이야기입니다. 비탈지지 않고 배수도 잘되는 땅이어야 물다짐이 순조로이 이루어지지, 그렇지 않으면 물을 붓는 것이 땅을 더욱 엉망으로 만들고 맙니다.

인간관계도 마찬가지입니다. 평평하고 물 빠짐도 좋은 땅과 같은 인성을 가진 사람에게는 관계의 문제나 위기가 오히려 더욱 신뢰 깊은 관계로 나아가는 계기가 됩니다. 연단을 통해 인간관계도 끈끈하고 탄탄해지는 것이지요. 하지만 한 사람의 기본적인 인성이 진흙더미나 산비탈 같다면, 그가 겪은 온갖 어려운 일들은 도리어 그를 가까이하기 겁날 정도의 괴팍한 존재로 만들고 말 것입니다.

많은 경우, 우리는 우리의 잘못된 삶의 태도 때문에 고통당하고 어려움에 빠집니다. 그래서 지금부터 우리는 세상을 살아가며 가져야 할 올바른 삶의 태도들은 무엇인지, 어떻게 살아야 하나님뿐 아니라 사람에게도 사랑받으며 살 수 있는지 살펴볼 것입니다.

여러분은 어떤 사람인가요? 여러분의 삶의 태도는 어떠한가요? 모난 돌이 정 맞는다고, 혹시 여러분이 잘못된 삶의 태도 때문에 어려운 일을 겪고 있는 것은 아닌가요? '개념 없는 인생'은 자기 자신은 물론 주변 사람들에게도 비극입니다. 그가 달라지지 않는 한, 그의 인생은 날이 갈수록 더욱 심한 진창이 될 것이며, 주변 사람들도 힘들어할 것이기 때문입니다.

더 헝클어지기 전에, 더 외로워지기 전에, 삶의 태도를 고치는 사람이 지혜로운 사람입니다. 이 책을 통해 많은 청소년이 그러한 지혜를 얻게 되기를 소망합니다.

― 김남준 목사

여는 이야기 둘

 김남준 목사님의 『개념없음』을 청소년이 읽기 쉽게 재구성하는 작업을 하면서, 나의 삶을 돌아보게 되었습니다. 특히 청소년 시절의 내 모습을 찬찬히 떠올려 보게 되었지요.

고등학교 1학년 봄 방학이 시작되던 날, 나는 급성 폐렴에 걸렸습니다. 당시 초등학교 1학년이었던 막내 여동생도 함께 말이지요. 그런데 너무 가난해서 병원에 가보지 못하고 약국에서 약만 사다 먹어야 했습니다. 커다란 깡통에 피를 토하면서 며칠을 고통 속에서 보냈지요. 그러다가 여동생은 나와 단둘이 있을 때 내 품에서 홀로 하늘나라로 갔고, 나는 겨우 살아났습니다.

하나님을 원망하고, 가난을 저주했습니다. 울고 또 울다가 몇 번이나 삶을 그만두려고도 했습니다. 지금 생각해 보면 하나님의 존재와 그분의 섭리에 대해 잘 알지 못해 그랬던 것 같습니다. 말씀과 기도에 대한 무지로 더욱더 방황했던 것 같습니다.

그때 내 주변에 신앙의 조언자가 있었다면, 성경을 제대로 읽고 기도하는 법을 배웠다면, 나는 가난으로 동생을 잃은 슬픔과 절망에서 훨씬 빨리 벗어났을 것입니다.

어른이 되고 나니 조금이나마 신앙과 삶에 대한 개념을 깨달은 것 같습니다. 아니, 어쩌면 착각일지도 모릅니다. 내가 70살, 80살, 아니 100살이 되어도 아는 것보다 모르는 것이 더 많을 수도 있습니다.

우리는 마지막 순간까지 겸손한 자세로 배워야 합니다. 이것을 한 살이라도 더 어릴 때 터득하고 배워 나간다면, 우리는 삶 속에서 여러 가지 예상치 못한 어려움과 문제를 만날 때마다 지혜롭게 해결해 나갈 수 있습니다.

이런 의미에서 『청소년을 위한 개념없음』은 아주 귀중한 책입니다. 청소년들이 세상을 살아가면서 어떤 삶의 태도를 가져야 하는지 알려 주면서, 앞으로 맞닥뜨리게 될 수많은 문제를 하나하나 잘 풀어 갈 수 있도록 돕기 때문입니다. 이 작업에 참여하게 된 것이 얼마나 감사하고 기쁜지 모릅니다!

이 책을 읽는 청소년들도 나처럼 자신을 냉정하게 돌아보길 바랍니다. 다음 세대 각 분야에서 중요한 역할을 할 사람으로서 올바른 삶의 태도를 가지고 '개념 있는' 하나님의 자녀로 살아가길 소망합니다.

— 노경실 작가

★★★★ 목차

책을 열며 4
　여는 이야기 하나_ **김남준 목사**
　여는 이야기 둘_ **노경실 작가**

1장. 위로하라　13

인상의 법칙 | 위로에도 타이밍이 있다 | 관계에는 희생이 필요하다 | 황제적 발상의 인간관계 | 위로의 사명 | 예수님의 가르침 | 끊임없이 내어 주라

2장. 진취적인 태도를 가지라　37

포기하지 않는 간절함 | 진취적인 사람은 해석도 다르다 | 공동체의 발목을 잡는 사람 | 낙관적 태도의 유익 | 열정과 사랑의 열매, 진취와 창조 | 진취적인 사람이 돼라

3장. 사과하라　57

사과의 놀라운 힘 | 사과를 망설이는 이유 | 거짓말이 낳은 결과 | 실수 자체보다 실수 이후가 중요하다 | 사과, 관계의 문을 여는 열쇠 | 사과의 기쁨을 배우라

4장. 다투지 말라　77

사람의 영광 | 다툼의 삶을 사는 이유, 혈기 | 사람을 남기는 삶을 살라 | 다툼의 삶을 사는 이유, 이익의 충돌 | 진통제와 보약 | 양보하라

5장. 약점을 들추지 말라   97

역린과 순린 | 마음의 기울기 | 허물을 덮어 주는 사람 | 예수님은 어떻게 하셨을까? | 사랑으로 다른 사람의 약점을 덮으라

6장. 용서하라   113

영혼의 아름다운 나눔, 용서 | 용서, 삶의 도리 | 용서로 맺어지는 돈독한 결합 | 용서가 일구어 낸 기적 | 값없이 용서를 베풀라

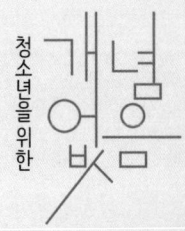

7장. 변명하지 말라　127

변명은 어떻게 시작된 것일까? | 변명하지 않은 사람, 요셉 | 사람에 대한 신의를 소중히 생각했기에 | 요셉도 처음에는 우리와 같았다 | 차라리 억울한 편이 낫다

8장. 배우라　141

인간은 발전 가능한 존재다 | 배우려는 사람이 사랑을 얻는다 | 날마다 발전하려는 태도 | 스스로 사랑을 버는 사람 | 끝없는 배움의 길

1장.

위로하라

친구는 사랑이 끊어지지 아니하고 형제는 위급한 때를 위하여 났느니라

잠 17:17

 벌써 20년이 훌쩍 지난 일이지만, 아직도 어제 일처럼 생생한 기억이 있습니다. 그때만 해도 대학마다 격렬한 시위운동이 많이 벌어지곤 했습니다. 당시 나는 총신대학교 근처에 살고 있었는데, 창문 틈을 박스 테이프로 도배를 해도 새어 들어오는 최루탄 가스를 막을 수가 없었습니다.

 결국 아기였던 아들이 최루탄 가스를 견디지 못하고 기관지염에 걸려 입원하게 되었습니다. 히브리어를 가르치는 강사로 한 달에 15만 원을 받는 것이 수입의 전부였던 때라 앞이 막막했습니다. 일단 아들을 병원에 입원은 시켰는데, 입원비를 마련할 길이 없었지요. 조그만 몸으로 힘겹게 숨을 쉬며 기침을 해대는 아이의 모습을 보고 있으려니, 안타까움과 미안함, 서러움으로 서 있기조차 힘들었습니다.

 그날도 수업을 마치고 학교를 나서는데, 함께 공부하던 전도사 한 사람이 "왜 이렇게 표정이 어두워요? 무슨 걱정 있어요?"

하고 물었습니다. 그래서 아들이 입원하여 병원에 가는 길이라고 말했더니, 그가 진심으로 걱정을 해주며 함께 가겠다고 했습니다.

가난한 전도사에게 무슨 돈이 있겠습니까? 병원비를 보태 준 것도, 그렇다고 특별하고 감동적인 위로의 말을 한 것도 아닙니다. 그냥 나와 함께 병원까지 동행해 주며, 한숨 쉬는 내 어깨를 두드려 주었을 뿐입니다. 그리고 병원 침대에 누워 있는 내 아들의 작은 손을 붙들고 간절히 기도해 주었을 뿐입니다.

그러나 그날 나는 그에게서 너무나 큰 위로를 받았습니다. 세월이 많이 지났지만, 아직도 그때의 고마운 마음을 잊을 수가 없습니다. 다행히 지금은 그 사람도 나도 잘 지내고 있지만, 만약 그에게 힘든 일이 생겨 내 도움이 필요하게 된다면 팔을 걷어붙이고 달려가 도울 것입니다. 내가 너무나 힘들었던 그 순간에, 그가 나와 함께 있어 주었기 때문이지요.

인생이란 이런 것입니다. 살다 보면 도움을 줄 때도 있고, 받을 때도 있습니다. 위로가 필요할 때도 있고, 위로해 주어야 할 때도 있습니다. 그래서 테레사 수녀는 이런 말을 했습니다. "가장 큰 질병은 결핵이나 한센병이 아닙니다. 아무도 돌아보지 않고, 아무도 위로하지 않고, 아무도 사랑하지 않고, 아무도 필요로 하지 않는 것, 이것이 가장 무서운 병입니다. 세상에는 빵이 없어서 죽어 가는 사람도 많지만 작은 사랑이 없어서 죽어 가는 사람이 더 많습니다."

여러분은 위로가 필요한 사람에게 적절한 위로를 베풀고 있나요? "찬송하리로다 그는 우리 주 예수 그리스도의 하나님이시요 자비의 아버지시요 모든 위로의 하나님이시며 우리의 모든 환난 중에서 우리를 위로하사 우리로 하여금 하나님께 받는 위로로써 모든 환난 중에 있는 자들을 능히 위로하게 하시는 이시로다"(고후 1:3-4).

위로는 하나님의 자녀 된 우리의 의무이자, 사람 사이의 관계를 돈독하게 하는 최고의 비책입니다.

인상의 법칙

여러분은 주위 사람들에게 어떤 인상을 주고 있는 것 같나요? 우리는 살아가며 수많은 사람을 만나고, 그들에게 우리 의지와 바람과는 상관없이 어떠한 인상을 남기게 됩니다. 그런데 문제는 한번 생긴 인상은 여간해서는 바꾸기가 쉽지 않다는 것입니다. 좋은 인상을 심어 주었다면 다행이지만, 나쁜 인상을 심어 주었다면 이후로 무엇을 하건 그 사람에게는 좋지 않게 비치는 것이지요.

그러므로 인간관계의 지혜란 특별한 것이 아닙니다. 사람들에게 좋은 인상을 심어 주었다면 그것을 잃어버리지 않고 계속해서 더 좋은 인상을 남겨 가는 것, 혹시 나쁜 인상을 남겼어도 그 관계를 포기하지 않고 노력하여 좋은 인상으로 바꾸는 것이 인간관계의 지혜입니다.

물론 한번 박힌 미운털을 깨끗하게 뽑아내기가 쉽지는 않습니다. 무엇을 해도 이미 부정적인 인상이 상대방의 머릿속에 각인되었기에, 나쁜 쪽으로만 비칩니다. 그래서 관계를 개선해 보려고 노력을 하다가도 지쳐 버리고 말지요. 하지만 그렇다고 포기할 필요는 없습니다. 나쁜 인상을 뒤집을 기회가 생기기도 하기 때문입니다.

그 기회는 바로 커다란 어려움을 만나서 위로와 도움이 절실히 필요한 '상실의 때'입니다. 사람들은 모든 것이 넉넉하고 일이 술술 잘 풀려 갈 때는 다른 사람이 베푸는 호의에 둔감합니다. 무엇인가 도움을 받아도 잘 기억하지 못하거니와, 크게 고마운 마음이 들지도 않습니다. 그러나 어려운 일을 당해 마음이 힘들 때는 다릅니다. 진심 어린 위로의 말 한마디, 작은 도움 한 가지가 크게 다가옵니다. 거기에서 실제로 큰 힘을 얻기 때문입니다.

그래서 슬기로운 사람들은 결코 이러한 기회를 놓치지 않습니다. 좋은 일에는 일일이 찾아가서 축하 인사를 하지 못하더라도, 나쁜 일을 당한 사람을 찾아가는 일은 절대 빠뜨리지 않는 것입니다.

아프고 힘들 때, 나를 찾아 주고 격려해 준 사람은 잊을 수 없는 것이 사람의 심리입니다. 그러므로 누군가에게 나쁜 인상을 심어 주었다면, 진심으로 그것을 개선하고 좋은 관계로 진전되기를 원한다면, 그 사람이 어려움에 처했을 때 모른 체하지 말아야 합니다.

'가뜩이나 나를 별로 안 좋아하는데, 지금처럼 상황이 좋지 않을 때 찾아가면 오히려 불편해할지도 몰라.'라고 생각하고 피해 버린다면, 영영 관계가 개선되지 않을 수 있습니다. 그 사람이 좋지 않은 상황에 놓인 이 순간이야말로 '내가 비록 당신에게 나쁜 인상을 남겼지만, 나는 여전히 당신과의 관계를 포기할 수 없습니다. 나는 당신을 좋아하고 당신과의 관계를 소중하게 생각합니다. 당신과 잘 지내고 싶습니다.'라는 메시지를 전할 수 있는 가장 효과적인 때이기 때문입니다.

긴말도 필요 없습니다. 그저 그의 마음에 공감해 주고, 힘이 되는 한 최선을 다해 도움을 주면 됩니다.

위로에도 타이밍이 있다

위로는 그 사람을 향한 관심과 애정을 효과적으로 전달할 수 있는 통로이자, 관계를 강화할 기회입니다. 그런데 위로가 그 역할을 제대로 해내기 위해서는 기본적으로 그 안에 진심이 담겨 있어야 합니다. 진심 어린 사랑과 이해에서 우러나오는 위로만이 그 사람의 마음에 감동으로 전해질 수 있기 때문이지요.

그런데 위로에는 진심 못지않게 중요한 요소가 하나 더 있습니다. 바로 시기적절해야 한다는 것입니다. 위로에도 '타이밍'이 있는 것이지요. 꼭 필요한 순간에 한 번 위로하는 것이 그렇지 않을 때 열 번 위로하는 것보다 유익합니다.

이와 관련하여 내가 신학교 교수로 재직하고 있었을 때의 일을 들려주겠습니다.

당시 일 년에 두 번씩 교수 수련회를 갔는데, 대개 1박 2일의 일정이었습니다. 그날도 수련회 장소에 도착하여, 한 학기 동안의 일들을 돌아보고, 날이 저물어 어느 식당에 들어갔습니다. 그런데 종업원으로 보이는 아주머니가 물컵과 메뉴판을 들고 오는데, 무슨 안 좋은 일이 있는지 표정이 매우 어두웠습니다. 그러더니 물컵도 소리 나게 '탁' 내려놓고, 메뉴판도 던지듯 놓고 가는 것이 아닙니까?

함께 갔던 신학과 교수님 중 한 분이 다시 그 아주머니를 불렀습니다. 그랬더니 그 아주머니는 마지못해 오는 듯 천천히 다시 와서, 짜증이 담긴 목소리로 "예에." 하고 대답했습니다. "아주머니, 일하려면 힘드시죠? 바쁜 시간이 아닐 때는 좀 쉬셔야 하는데, 이렇게 우르르 몰려와 죄송합니다." 교수님은 부드럽게 말하면서 아주머니에게 5천 원짜리 하나를 건네셨습니다.

그러자 놀랍게도 조금 전까지 어두웠던 아주머니의 얼굴이 갑자기 복사꽃처럼 환해졌습니다. 반찬이 떨어지기 무섭게 다시 가져다주기까지 했지요. 몇 마디의 다정한 말과 지폐 한 장의 위력을 실감한 날이었습니다.

그런데 다른 경우도 있습니다. 가족과 식사를 하러 돼지갈비를 먹으러 갔는데, 음식을 나르는 아주머니의 표정이 너무나도 심란해 보였습니다. 고기를 잘라 주는데, 가위질하는 모습이 어찌나 불안한지 금방이라도 손을 다칠 것만 같았습니다.

'사는 게 얼마나 팍팍했으면 이렇게 서툰 솜씨로 식당에 나와 일을 할까.' 나는 안타까운 마음이 들어 아주머니에게 약간의 팁을 주었습니다. 그런데 무표정하게 '툭' 하고 받더니 계산대로 덜렁덜렁 걸어가 돈 통을 열어 집어넣는 것이 아닙니까? 그래서 "아주머니가 이 집 주인이세요?" 하고 물었더니, "네." 하는 것입니다. 순간 괜한 행동을 한 것 같아 후회가 밀려왔습니다. 제법 규모가 있는 식당이었으니, 당시 가난한 교수였던 나보다 분명 형편이 나았을 텐데 말이지요.

똑같이 팁을 받아도 이렇게 사람마다 다른 반응이 나오는 이유는 무엇일까요? 한 사람은 그런 도움과 친절이 꼭 필요한 사람이었고, 다른 한 사람은 그런 필요를 전혀 느끼지 않던 사람이었기 때문입니다. 그래서 위로도 타이밍을 맞추어야 합니다. 상대방이 위로를 필요로 하는 순간을 놓치지 말아야 하는 것이지요.

관계에는 희생이 필요하다

그런데 위로의 타이밍을 맞추는 일은 우리에게 희생을 요구합니다. 인간관계에 능숙한 사람은 모든 관계에 자기희생이 필요하다는 것을 압니다. 그러나 인간관계에 서툰 사람은 다른 사람을 위해 자기를 희생하는 것을 매우 꺼리고, 다른 사람을 자기를 위해 활용하는 데에만 골몰합니다. 상대방을 이용하려고만 하지, 그를 위해 무언가 하려고 노력하지 않는 것입니다.

신학교에서 학생들을 가르칠 때, 친분을 쌓은 교수님이 한 분 계십니다. 지금은 학장이 되셨는데, 예전부터 그분은 입버릇처럼 "문상은 절대로 거르지 않는 것이 제 삶의 원칙입니다."라고 말씀하시곤 했습니다. 아무리 바빠도 학교의 말단 직원에서부터 먼 친구에 이르기까지 상을 당하면 빠짐없이 찾아가셨지요.

언젠가 사석에서 그분은 이런 이야기를 털어놓으셨습니다. "대학생 시절, 같은 과 친구 아버지가 돌아가셨습니다. 그리 가까운 친구도 아니었거니와, 마침 집에 바쁜 일이 있어 문상을 가지 못했지요. 그런데 며칠 후, 담당 교수님이 부르셔서 갔더니,

그날 일을 물어보셨습니다. 그래서 연락은 받았으나 집안에 바쁜 일이 있어 못 갔다 말씀드렸더니, 호되게 꾸중을 하셨습니다. '사람이 죽은 것보다 더 큰일이 도대체 무슨 일인가? 함께 공부하는 친구의 아버지가 돌아가셨는데, 그보다 중요한 일이 뭔가? 사람으로 태어났으면 사람의 도리를 해야지, 그것을 모르는 인간은 쓰레기다.' 그때 이후로 나는 상을 당한 사람을 보면, 내 입장보다 그 사람 입장을 먼저 생각하게 됩니다."

자기 입장에서 생각하면 친구 아버지 돌아가신 것이 뭐 그리 심각한 일이겠습니까? 살아계셔도 평생 몇 번 마주칠 일 없는 사이입니다. 자기 입장에서만 생각하면, 몇 시간 잠을 덜 자는 것이 훨씬 더 큰 문제일 것입니다.

그러나 그 친구의 입장에서 생각하면, 이것은 너무나 가슴 아픈 일입니다. 잠을 못 자더라도 피곤을 이기고 달려가야 합니다. 눈물 흘리며 가슴 아파할 그 친구의 마음을 생각하면 집에 가만히 앉아 있을 수가 없는 것이지요.

위로를 해야 할 때 위로하지 못하면, 호감을 얻을 기회를 놓칠 뿐 아니라 서운함을 남기게 됩니다. 사람은 힘들 때 옆에 있어 준 사람도 잊지 못하지만, 힘들 때 외면한 사람은 더욱 잊지 못하기 때문입니다.

입장을 바꾸어 생각해 보세요. 평소에 여러분을 우호적으로 대해 주던 사람인데, 여러분이 큰 슬픔을 당했을 때 나타나지 않았습니다. 그러면 '그동안 나에게 보여 준 우호적인 태도가 진심이 아니었을 수도 있다.'라는 생각이 들지 않을까요?

황제적 발상의 인간관계

상대방을 위해 자신은 전혀 아무런 노력도 하지 않으면서, 필요한 때에 상대방이 자신을 도와주기를 기대하는 것은 황제적 발상입니다. 세상은 결코 누군가 한 사람을 중심으로 돌아가지 않습니다. 주고받는 세상의 원리를 무시하고, 자신은 무조건 받고 누리기만 하겠다는 태도로 살아간다면 모든 관계로부터 외면당할 것입니다.

내가 전도사 시절 겪은 일입니다. 담임 목사님께 보고드릴 것이 있어 찾아갔더니, 마침 장로님이 담임 목사님과 다음 날 심방을 가는 것에 대해 의논하고 계셨습니다. 교통사고를 당해 입원한 성도를 심방하는 계획이었지요. 그런데 그 성도는 그 교회 교인이 아니라 오래전 그 교회를 다니다가 다른 교회로 옮긴 사람이었습니다. 목사님의 생각과 의견을 달리하며, 반대 의견을 따르는 사람들과 함께 목사님을 매우 힘들게 했던 사람이기도 했지요.

그래서 나는 목사님께 여쭈었습니다. "이미 교회를 떠난 사람이고 목사님께 많은 고통을 준 사람이 아닙니까? 굳이 심방을 가실 필요가 있으십니까?" 담임 목사님은 빙그레 웃으면서 대답하셨습니다. "이런 게 목회입니다."

목사님은 더 이상 말씀하지 않으셨지만, 옆에 계시던 장로님이 설명하셨습니다. "별로 사이가 좋지 않았던 사람이 사고를 당했으니, 더 가봐야 하지 않겠습니까? 어차피 목사의 마음을 다 알아주는 성도는 없으니 내리사랑이라도 해야 하지 않을까요?" 그때 나는 아직 목회의 경험이 부족한 중에도 많은 것을 깨달았습니다.

누구든지 자기를 좋아하고 자신이 좋아하는 사람들과 함께 대화하고 어울리며 살아가는 것은 힘든 일이 아닙니다. 그러나 쉬운 일을 마다하고 힘든 일을 하지 않으면 안 되는 때가 종종 있습니다.

인간관계는 메아리와 같습니다. 아무 말 하지 않아도 내 마음에 미운 감정이 가득하면 그 사람의 마음에 울려 퍼집니다. 주는 것 없어도 그 사람을 향한 따뜻한 마음과 사랑의 감정은 그의 마음을 아름답게 만듭니다.

만약 갈등이 있거나 혹은 지난 일로 서로 마음이 멀어진 사람이 있다면, 그가 어려움에 처했을 때가 관계를 회복할 기회입니다. 끊어진 인간관계를 다시 시작하고, 이전에 가지고 있던 오해와 원망을 털어 버릴 좋은 기회인 것이지요.

그러나 대부분의 사람들이 이런 기회를 잘 활용하지 못합니다. 왜냐하면, 그 사람이 어려움을 당했을 때, 이런 식으로 생각하기보다는 오히려 이전에 그 사람으로부터 받았던 섭섭한 감정이나 상처 같은 것들을 떠올리기 때문입니다. '그럴 줄 알았어!

벌 받은 거야!' 하며 속으로 쾌재를 부르기도 하지요.

그러나 그것은 하나님이 우리에게 가르쳐 주신 삶의 방식이 아닙니다. 하나님은 우리에게 다른 사람을 이해하고 사랑하는 동기를 사람에게서 찾지 말고, 우리를 용서하시고 사랑하신 그리스도에게서 찾으라고 가르쳐 주셨습니다. "그리스도께서 너희를 사랑하신 것같이 너희도 사랑 가운데서 행하라 그는 우리를 위하여 자신을 버리사 향기로운 제물과 희생 제물로 하나님께 드리셨느니라"(엡 5:2).

누군가 사랑을 흘려보내는 사람이 있어야지만 관계의 평화로운 교통이 이루어집니다. 사람과 사람의 관계는 오늘은 흘려보내고, 내일은 받아들이며 이루어지는 것입니다.

우리는 종종 인덕이 많은 사람들을 만납니다. 가는 곳마다 좋은 사람을 만나고, 문제가 생길 때마다 돕는 사람을 만나는 것을 인덕이라고 합니다. 그런데 인덕이란 하늘에서 뚝 떨어진 복일까요? 태어날 때 이미 정해진 복일까요? 결코 그렇지 않습니다. 그것은 하나님의 축복과 함께 그 사람의 인생의 태도가 어우러져 만들어 낸 아름다운 결과입니다.

위로의 사명

그런데 뭔가 흘려보내려면, 일난 가신 것이 있어야 하지 않을까요? 우리말 속담에 "곳간에서 인심 난다."라는 말이 있습니다.

자신의 형편에 여유가 있어야 다른 사람도 돌아볼 수 있다는 의미지요. 사람의 마음도 예외가 아닙니다. 일단 자신의 마음이 안정되어 있어야 다른 사람의 마음도 살필 수 있는 것입니다.

위로는 값없이 예수 그리스도를 선물로 받아 내적 풍성함을 누리며 살아가는 존재인 우리의 의무이자 사명입니다.

잠언 17장 17절 말씀을 살펴봅시다.

친구는 사랑이 끊어지지 아니하고 형제는 위급한 때를 위하여 났느니라.

우리는 이 말씀대로, 사랑을 필요로 하는 사람에게는 끝없이 사랑을 베푸는 친구가, 위기에 처한 사람에게는 위로와 도움이 되는 형제가 되어 주어야 합니다.

하나님의 사랑이 여러분 안에 있는지요? 그것을 여러분 안에 머물러 있게 하지 말고, 삶을 통해 주위 사람들에게 흘려보내세요. 하나님의 사랑이 우리의 삶을 통해 드러나, 다른 사람들이 실제로 혜택을 누릴 수 있어야 합니다.

성경에 나오는 요셉을 보십시오. 그는 부유한 가정에서 사랑받으며 자랐으나, 한순간에 노예로 팔려 낯선 땅으로 끌려갔습니다. 그런데 더욱 슬픈 것은 그를 그런 비참한 형편에 빠뜨린 사람이 바로 형들이었다는 사실입니다.

억울하고 외로웠지만, 요셉은 좌절하고 복수심을 품는 대신 주어진 자리에서 최선을 다하며 살았습니다. 하나님이 자기 인생을 처음부터 끝까지 다 책임져 주실 것이라는 믿음도 잃지 않았지요. 하지만 그런 요셉에게 돌아온 것은 모함과 배신이었고, 그는 결국 누명을 쓰고 감옥에 갇히고 맙니다.

그런데 그러한 요셉의 생애를 서술하고 있는 말씀 안에서 우리는 뜻밖의 구절과 마주하게 됩니다. "그가 요셉에게 자기의 집과 그 모든 소유물을 주관하게 한 때부터 여호와께서 요셉을 위하여 그 애굽 사람의 집에 복을 내리시므로 여호와의 복이 그의 집과 밭에 있는 모든 소유에 미친지라"(창 39:5). 요셉 때문에 보디발(애굽 왕 바로의 신하)의 집이 놀라운 축복을 받는 장면입니다.

우리 역시 요셉과 같이 복의 근원이 되는 사람이 되어야 합니다. 여러분이 있기 때문에 여러분의 가정이 행복해지고, 여러분의 친구들에게 좋은 일이 생겨야 합니다. 잠시라도 없으면 생각나고 그리워지는 존재로 주위 사람에게 깊이 기억되어야 하는 것이지요.

여러분의 존재 자체로 주위 사람들에게 위로가 되어 주십시오. 그저 옆에 있어 주는 것 자체로 커다란 위로를 주는 사람이 되세요. 그것이 하나님의 큰 사랑을 가슴에 품은 우리가 마땅히 해야 할 역할이며, 오직 우리만이 할 수 있는 사명입니다.

예수님의 가르침

안타깝게도 오늘날 너무나 많은 그리스도인이 위로의 사명을 저버린 채 살아가고 있습니다. 삶의 태도에 대해 제대로 된 가르침을 받아 보지 않았기에, 개념 없이 살아가고 있는 것이지요.

위로는 상황이 여의치 않으면 그냥 넘어가도 되는 인사치레가 아닙니다. 위로는 하면 좋은 것이 아니라, 반드시 해야 하는 것입니다. 예수님은 우리에게 이런 가르침을 주셨습니다. "남에게 대접을 받고자 하는 대로 너희도 남을 대접하라"(눅 6:31).

『탈무드』에 보면 이런 이야기가 나옵니다. 한 사람이 학식이 풍부한 유명한 랍비를 찾아가 이렇게 말했습니다. "내가 한 발로 서 있는 동안에 나에게 율법의 모든 것을 가르쳐 주십시오." 그러자 랍비는 "당신이 싫어하는 것은 당신의 이웃에게도 하지 마십시오. 이것이 율법의 전체이고 다른 것은 율법의 해석에 불과합니다."라고 대답했다고 합니다.

다른 사람에게 고통을 주는 행동을 하지 말라는 것이 율법의 가르침이라면, 예수님의 가르침은 다른 사람을 위해 무엇인가 해주라는 적극적인 명령입니다.

여러분이 받고 싶은 대로 남에게 베풀어 보세요. 슬프고 어려운 일을 당했을 때 혼자이고 싶은가요? 아닐 것입니다. 여러분이 누군가의 진심 어린 위로에 기대고 싶듯, 여러분의 친구와 이웃도 여러분의 품에 기대고 싶을 것입니다.

그들에게 기꺼이 품을 내어 주는 사람이 되세요. 이것이 인간관계의 지혜이며, 사람의 참된 도리입니다. 여러분으로 인해 위로와 희망을 얻고 기뻐하는 모습을 보면, 분명 큰 기쁨을 느낄 것입니다.

내가 담임하고 있는 열린교회에서는 신학교를 돕는 일에 마음을 많이 쓰고 있습니다. 왜냐하면, 거기서 공부하는 학생들은 미래의 한국 교회를 이끌어 갈 일꾼들이기 때문입니다. 그들이 좀 더 좋은 환경에서, 진리의 말씀으로, 좋은 학문으로 충분히 훈련받고 신앙적으로 연단된다면, 미래의 한국 교회는 지금보다 훨씬 아름다운 교회가 될 것입니다. 이에 대한 확신이 있기에 우리 교회에서는 국내의 학교뿐 아니라 해외의 신학교까지 방문하여 책을 나누어 주고, 식사를 대접하고, 얼마간이라도 장학금을 지급하고 있습니다.

그런데 한번은 이런 일이 있었습니다. 어느 신학교에 장학금을 기탁하는 날이었습니다. 교회 형편으로는 적지 않은 장학금을 기탁했는데, 그 자리에 그 신학교를 책임지고 있는 목사님과 교수님들, 그리고 학생회 간부들이 함께 자리했습니다.

그때 예고도 없이 학생회 임원 중 한 학생이 불쑥 이렇게 말했습니다. "열린교회에서 주시는 장학금, 정말 감사합니다. 그런데 지금 우리 학우 중 누 사람이 병원에 입원할 처지인데, 서기에 쓰면 뭐 되겠습니까?" 순간 그 자리에 모인 학교 관계자들 모두 당혹스러워했습니다. 어떤 분은 "장학금은 장학금이지, 그것을 왜 병원비로 쓰는가?" 하면서 그 학생에게 면박까지 주었습니다.

앞뒤 없이 불쑥 나온 말이라 당황스럽긴 했지만, 나는 그 학생에게서 무엇인가 절박한 사정을 느낄 수 있었습니다. 그래서 좀 더 자세히 이야기해 달라고 말했습니다.

사연은 이러했습니다. 신학교에 재학 중인 학우 두 명이 암에 걸렸는데 수술비를 마련할 대책이 없다는 것이었습니다. 한 학생은 내국인이고, 한 학생은 외국인 학생이었습니다. 그런데 공교롭게 이 신학생들은 특별히 소속된 교회도 없고 지원하는 단체도 없는 가난한 학생들이었습니다. 두 사람 다 수술을 해야 하는데, 돈이 없어서 학생들이 모금을 했지만 한 사람당 1,500만 원 가까이 되는 수술비에는 미치지 못했습니다.

그런 설명을 하며 그 학생회 임원은 내게 이렇게 말했습니다. "선배 목사님, 이 두 학생을 도와주시는 것이 장학금을 주시는 것보다 더 급합니다." 그래서 잠시 생각을 한 후에 나는 이렇게 제안했습니다. "장학금은 그대로 장학금으로 사용하고, 두 사람이 치료를 받는 문제는 나와 우리 교회가 책임을 질 테니 함께 의논하여 두 학생을 도웁시다."

나중에 전해 들은 이야기인데, 그 학생회 임원이 이러한 사실을 전체 학생 예배 시간에 알렸을 때 강당을 가득 채울 정도로 큰 박수와 환호성이 터져 나왔다고 합니다. 치료비와는 비교되지 않는 더 큰 액수의 장학금을 학교에 기탁했을 때는 그 정도로 기뻐하지 않았는데, 당장 암에 걸려 죽게 된 학우를 기꺼이 책임지고 돕겠다고 하자 학생들 전체가 크게 감동한 것입니다.

왜 그랬을까요? 그것은 우리의 도움이 꼭 필요한 시기에 주어졌기 때문입니다. 꼭 필요할 때 베푸는 도움은 커다란 위로이며 희망입니다.

끊임없이 내어 주라

찬찬히 돌아보면 우리는 많은 사람의 위로를 받으며 살고 있습니다. 만날 잔소리만 하시는 것 같지만 "오늘 학교에서 별일 없었니? 공부하느라 힘들지?" 하며 따뜻하게 내 등을 토닥여 주시는 부모님, 때로 티격태격 다투기도 하지만 언제나 내 곁을 지켜 주는 형제자매, 내게 무슨 일이 생기면 함께 걱정해 주는 친구들……

사람만이 우리를 위로해 주는 것이 아닙니다. 맑고 푸른 하늘, 시원하게 내리는 빗줄기, 찬란한 무지개, 꼬리 치며 나를 반겨 주는 강아지……. 이 모든 것이 위로가 되어 줄 때도 있지요.

여러분은 누군가에게 진정한 위로, 소중한 희망이 되어 준 적이 있습니까? 마음을 나누며 따뜻하게 손잡아 준 적이 있는지요?

누군가를 위로하는 것, 특히 관계가 좋지 못한 사람을 일부러 찾아가서 위로하는 것은 쉽지 않습니다. 내 안의 많은 것을 내려놓아야 하고, 나 자신을 희생해서 흘려보내야 하기 때문이지요. 그러나 쉽지 않은 일이기에 그것은 받는 사람을 감동하게 합니다.

좋은 인상을 남기지 못했거나 관계가 원만하지 않은 사람이 고통을 겪고 있을 때, 그 자리에 가지 않는다면 그것으로 그와의 관계는 끝나 버릴 수 있습니다. 이것은 '이제 그만 우리의 관계를 정리합시다. 당신은 내게 별다른 의미가 없는 존재입니다.'라는 절교 선언과 같은 의미이기 때문입니다.

이런 행동을 반복하면서 자기 삶이 잘되고, 인덕이 많기를 바라는 것은 이치에 맞지 않는 일입니다. 그렇게 살아가는 사람은 어려움을 겪을 때 아무도 위로해 주지 않아 비참한 기분을 느낄 것입니다.

혹시 지금 주변에 사이가 좋지 않은 친구가 있지는 않나요? 그 친구가 힘든 일을 겪고 있어 따뜻하게 위로해 주고 싶은데 어떻게 해야 할지 잘 모르겠나요? 그렇다면 응원의 메시지가 담긴 노래를 들려주는 것도 좋은 방법이 될 것입니다.

지치지 않기 / 포기하지 않기 / 어떤 힘든 일에도 늘 이기기 / 너무 힘들 땐 너무 지칠 땐 / 내가 너의 뒤에서 나의 등을 내줄게 / 언제라도 너의 짐을 내려놓아도 된다고 / 혼자라고 생각 말기 / 힘들다고 울지 말기 / 너와 나 우리는 알잖아 / 니가 나의 등에 기대 세상에서 버틴다면 / 넌 내게 멋진 꿈을 준 거야 / 성급하게는 생각하지 말기 / 정말 잠이 올 때면 / 그 자리에 기대어 / 너무 지친 니 몸을 잠시라도 쉬게 해줘 / 혼자라고 생각 말기 / 힘들다고 울지 말기 / 너와 나 우리는 알잖아 / 햇살이 참 좋은 날에 / 그런 날에 하루라도 / 또 다른 우리가 되어 볼까 / 오늘과 다른 내일을 기대하며 멈춰 설 수는 없어 / 혼자라고 생각 말기 / 힘들다고 울지 말기 / 너와 나 우리는 알잖아 / 니가 나의 등에 기대 세상에서 버틴다면 / 넌 나의 지지 않는 꿈을 준 거야 / 우리라는 건 니가 힘이 들 때에 / 같이 아파하는 것(KBS 드라마 「학교 2013」 OST 「혼자라고 생각 말기」)

누군가에게 잊을 수 없는 사람이 되고 싶다면, 아낌없이 베풀고 나누며, 여러분 자신을 흘려보내세요. 흐르는 강물처럼 끊임없이 내어 주며 살아가는 것이, 끊임없이 사랑받으며 살아가는 비결입니다. 비록 여러분에게 어떠한 도움의 메아리도 돌려줄 수 없는 사람이라 할지라도 베풀 수 있을 때 베풀며 살아가길 바랍니다.

미국 대통령들의 영적 조언자로 유명하기도 한 빌리 그레이엄(Billy Graham) 목사는 이런 말을 했습니다. "하나님은 단지 우리를 위로하시기 위해서 우리를 위로하시는 것이 아니라, 우리로 하여금 위로사가 되게 하시기 위해서 우리를 위로하신다."

그렇습니다. 우리에게 하나님이 먼저 찾아와 위로가 되어 주셨기에, 우리는 어려운 사람을 그냥 지나칠 수 없습니다. 그가 누구이건, 나와 어떤 사연이 있건, 어려운 때를 만난 사람이라면 다가가 위로자가 되어 주어야 합니다. 어려운 사람, 가난한 사람, 병든 사람, 외로운 사람, 가정이 화목하지 않은 사람, 인간관계로 힘들어하는 사람……. 이들에게 위로자가 되어 주라고, 하나님이 지금 우리를 이곳에 살게 하셨기 때문입니다.

생·각·해·봅·시·다

1. 다른 사람에게서 위로를 받은 적이 있나요? 무슨 일로 위로받았나요? 그때 어떤 기분이 들었나요?

2. 위로하는 것이 어렵게 느껴진다면, 그 이유는 무엇인가요?

3. 꼭 필요할 때 베푸는 도움은 커다란 위로가 됩니다. 주위에 지금 도움이 필요한 사람이 있는지 돌아보세요. 어떻게 그 사람을 도울 수 있을까요?

2장.

진취적인 태도를 가지라

수일 후에 예수께서 다시 가버나움에 들어가시니 집에 계시다는 소문이 들린지라 많은 사람이 모여서 문 앞까지도 들어설 자리가 없게 되었는데 예수께서 그들에게 도를 말씀하시더니 사람들이 한 중풍병자를 네 사람에게 메워 가지고 예수께 올새 무리들 때문에 예수께 데려갈 수 없으므로 그 계신 곳의 지붕을 뜯어 구멍을 내고 중풍병자가 누운 상을 달아 내리니

막 2:1-4

　몇 년 전의 일입니다. 다른 교회의 장로님들이 열린교회에 탐방을 오셨습니다. 당시 교회 건축을 앞두고 있다고 해서 교회 구석구석을 친절하게 안내해 드렸지요.

　그런데 얼마 지나지 않아서 교회 홈페이지에 장문의 글이 올라왔습니다. 익명으로 쓴 게시물이었는데, 교회 시설에 대한 악의적인 비난이었습니다. 글을 읽다 보니 그때 탐방 오셨던 장로님 중 한 분이라는 확신이 들었습니다. 글의 정황상 그날 교회를 둘러보고 설명을 들으셨던 분이 쓰신 것이 명백했기 때문이었습니다.

　처음에는 너무 화가 났습니다. 정말 교회 시설에 문제가 있어 지적을 해주신 것이라면 감사했을 것입니다. 그러나 그분의 비난은 그저 개인적인 취향의 문제였습니다. 보기에 따라 얼마든지 좋게 볼 수 있는 것들을 자기 마음에 안 든다는 이유로 강도 높게 비난하고 있었던 것입니다.

한 예로 교회 식당의 경우를 말할 수 있는데, 열린교회에는 대형 식당이 없습니다. 평일에 교회 직원들이 식사할 수 있도록 20여 평 규모의 작은 식당을 주방 옆에 마련해 두었을 뿐입니다. 대신 교회 뒷마당에 천막을 설치했습니다.

그런데 문제는 교회 뒷마당에 천막이 상시 설치되어 있으면 건축법 위반이 된다는 것입니다. 그래서 고민한 결과, 아코디언 주름 식으로 천막이 접히도록 주문 제작을 했습니다.

스위치를 누르면 펴져서 300-400명 이상의 사람이 동시에 식사할 수 있는 식당이 되고, 접으면 너른 뒷마당을 다른 용도로 활용할 수 있도록 고안한 것입니다. 만약 이렇게 하지 않았다면 식당을 만드느라 소모임 공간 및 각종 교육 시설, 성도들이 차를 마시며 쉴 수 있는 공간 등을 만들 수 없었을 것입니다.

그런데 그 게시물을 쓰신 분에게는 주일마다 천막을 펴고 접고, 식탁을 배치하고 정리하고 하는 일들이 번거롭다는 점만 부각되어 보였나 봅니다. 그래서 "매주 목사들이 와서 할 것도 아니면서 봉사하는 교회 성도들 고생스럽게 왜 그렇게 만들어 놓았는가." 하며 비난했던 것입니다.

그분은 교회 카페가 있는 별관 1층을 모두 터서 크게 식당을 마련하는 것이 성도들을 위한 건축인 양 글을 썼는데, 만약 그렇게 해놓았다면 주일 점심 한 끼를 위해 식당만 커다랗게 만들어 놓고 평일에는 제대로 활용하지 못한다는 비난을 들었을 것입니다.

글 속에서, 무엇이든 부정적인 면을 먼저 보며 불평을 늘어놓는 성향을 읽을 수 있었기에, 나는 그분이 불쌍하다는 생각이 들었습니다. 그런 분이 장로라고 생각하니 그 교회 목사님과 성도들까지 다 불쌍히 여겨졌습니다. 모든 일을 부정적인 시각에서 바라보는 사람과 함께 교회를 이끌어 나가려면 얼마나 힘들겠습니까?

그래서 나는 시간을 내어 답글을 썼습니다. 최대한 예의 바르게 그분이 보지 못한 면들을 설명했습니다. 물론 그 답글 하나로 그분의 생각이 단번에 바뀌지는 않을 것이라고 생각했습니다. 그러나 그분과 다른 시각으로 보는 견해도 있음을 알리고 싶었습니다. 실제로 똑같은 식당을 보고 정말 효율적인 공간 배치라고 생각하는 사람도 많았기 때문입니다.

별관 1층에 식당을 만드는 대신, 발달장애아들을 위한 온돌식 교육 공간을 만들었는데, 이 공간은 예배나 교육이 없는 때에는 연세 많으신 분들이 다리를 펴고 모임을 할 수 있는 장소로도 활용이 됩니다. 또한, '열린 공간'이라는 카페가 있는데, 이곳 역시 평일에는 성도들의 교제 장소로 활용되고, 주일에는 새가족들이 교회에 대한 소개를 받는 곳으로 사용되고 있습니다. 천막 식당이 불편한 것이 사실이지만, 그로 인해 유익한 부분도 있는 것입니다.

이 세상에는 '옳다' 또는 '그르다'라고 일방적으로 판단하기 힘든 경우가 수없이 많습니다. 어떻게 보느냐에 따라 좋게 해석할 수도 있고, 나쁘게 평가할 수도 있는 상황이 많이 벌어지는 것입니다.

두 명의 여행가가 깊은 산속을 여행하는 길에 독수리가 다람쥐 한 마리를 '휙' 하고 번개처럼 낚아채는 것을 봤습니다. 그것을 바라본 한 여행가가 혀를 차며 안타깝다는 듯이 말했습니다. "쯧쯧, 오늘 저 다람쥐 초상 날이네." 그러자 다른 여행가가 웃으면서 이렇게 대답했습니다. "그래도 독수리네 집은 잔칫날이 아닌가!"

여러분은 어떤 사람인가요? 같은 상황을 보면서 진취적이고 도전적인 생각을 하는 사람인가요? 아니면 늘 물러서고 위축되는 사람인가요?

포기하지 않는 간절함

마가복음 2장 1-4절 말씀을 살펴봅시다.

수일 후에 예수께서 다시 가버나움에 들어가시니 집에 계시다는 소문이 들린지라 많은 사람이 모여서 문 앞까지도 들어설 자리가 없게 되었는데 예수께서 그들에게 도를 말씀하시더니 사람들이 한 중풍병자를 네 사람에게 메워 가지고 예수께로 올새 무리들 때문에 예수께 데려갈 수 없으므로 그 계신 곳의 지붕을 뜯어 구멍을 내고 중풍병자가 누운 상을 달아 내리니.

이 말씀은 예수님이 병을 고치시는 장면을 묘사하고 있습니다. 예수님이 병자를 고쳐 주신다는 소문이 나자, 많은 사람이 예수님이 기거하고 계신 집으로 몰려들었습니다. 그들 중에는 병자도 있었고, 병자를 데리고 온 사람도 있었고, 구경하기 위해 온 사람도 있었습니다.

그때 중풍병자 한 사람도 예수님의 치료를 기대하고 그 집을 찾아왔는데, 몸을 마음대로 움직일 수 없기에 침상 채 들려 그곳까지 왔습니다. 예수님을 만나면 나을 수 있으리라는 가느다란 희망 하나를 붙들고 그곳을 찾은 중풍병자와 그의 친구들은 사람들이 엄청나게 많이 모여든 광경을 보고 막막해졌을 것입니다.

그러나 그들은 포기하지 않고, 그 누구도 상상하지 못한 희한한 발상으로 중풍병자를 예수님 앞으로 데려갑니다. 바로 지붕을 뜯고 환자를 침상 채 달아 내렸던 것이지요.

그 사람이 어떤 사람인지는 그의 친구를 보면 알 수 있습니다. 한 사람의 됨됨이는 그의 친구의 됨됨이를 넘어서지 못합니다. 옹졸한 사람은 쩨쩨한 사람과 어울리기 좋아하고, 호방한 사람은 대범한 사람과 즐겨 사귀기 마련입니다.

지붕을 뜯고 예수님 앞에 환자를 내려보낸 친구들의 성향을 보건대, 그 중풍병자 역시 진취적인 기상을 지닌 사람이었을 것입니다.

생각해 보십시오. 중풍에 걸려 움직이지도 못하는데 지붕 위로 끌고 올라간다면 두려운 마음이 들지 않겠습니까? '지붕이 무너지면 어쩌지? 끈이 끊어지면 어쩌지?' 걱정하려면 온갖 것이 다 걱정될 것입니다.

그러나 그의 친구들은 지붕을 뜯었고, 중풍병자는 침상 채 예수님 앞에 달려 내려왔습니다. 나쁘게 생각하면 몹시 꾸중을 들을 수도 있는 상황입니다.

저마다 절박한 형편이 있을 텐데 앞서 와서 기다린 사람들을 제치고 새치기한 것이니까요. 게다가 남의 집 지붕을 허락도 없이 뜯었으니 변상을 요구해야 하는 것 아닌가요? 집 안 가득 사람이 모여 움직이기도 어려운 형편인데, 지붕이 무너지는 사고라도 났다면 어떻게 되었겠습니까?

하지만 예수님은 그들의 무례한 행동을 탓하는 대신 칭찬하셨습니다. 문제를 삼을 일이 있는데, 잘못을 묻는 대신 오히려 믿음 있다고 평가하신 것입니다. 그리고 그 친구들의 믿음 때문에 중풍병자를 고쳐 주십니다.

예수님은 결코 비관적인 태도로 인생을 사신 분이 아닙니다. 예수님은 중풍병자의 친구들에게서 아픈 친구를 향한 깊은 애정과 진취적인 기상, 창의적인 열정을 보셨습니다. 그리고 '예수님이라면 반드시 내 친구를 고치실 수 있다.'는 믿음을 읽어 내셨습니다.

예수님이 진취적인 태도를 가지고 계시지 않았다면 과연 이렇게 반응하셨을까요?

자신의 인생을 진심으로 소중하게 여기고, 자신이 속한 사회와 이웃을 마음 다해 사랑하고, 이 세상에 하나님의 아름다운 나라가 반드시 이루어지리라는 희망을 품은 사람은 뒷걸음치지 않습니다. 이런 사람은 세상을 볼 때 진취적이고 소망적인 태도를 가질 수밖에 없는 것입니다.

진취적인 사람은 해석도 다르다

이 세상은 끊임없이 목표를 향하여 앞으로 나아가려는 생각을 가진 사람들과 그렇지 않은 사람들이 한데 얽혀 굴러갑니다. 회사든 교회든, 크고 작은 모든 공동체는 목적을 가지고 있고, 그

목적을 이루기 위해 힘을 모아 달려갑니다.

그런데 그 공동체가 존재의 목적을 효율적으로 실현해 나가기 위해 꼭 필요한 것이 바로 창조적이고 적극적인 태도로 일하는 진취적인 구성원들입니다.

그렇다고 해서 이런 사람들만 공동체에 도움이 되는 것은 아닙니다. 다른 사람보다 사고가 더 입체적이고 보수적이어서 예상되는 어려움을 미리 파악하고, 대비하도록 자극하는 사람도 필요합니다. 마치 축구 경기에서 이기기 위해서는 실력 있는 공격수들만 필요한 것이 아니라 우세하게 경기를 펼치는 상황 속에서도 기습으로 골을 먹을 수 있다는 생각을 가지고 대비하는 수비수들도 필요하기 때문입니다.

그러나 모든 사람이 그렇게 미래에 대한 두려움과 염려로 가득 차 있어서 앞으로 나아가기를 두려워한다면, 그 공동체는 결코 효과적으로 자신의 수명을 완수할 수 없을 것입니다. 이차피 가보지 않은 모든 길은 모르는 길이고, 그에 대한 모든 예상은 그야말로 예상일 뿐입니다. 실패가 두려워 시작도 못하는 사람들로 이루어진 공동체는 결코 하나님의 나라를 위해 이바지할 수 없습니다.

이와 같은 원리는 신앙의 원리이기도 하고, 공동체에 있어서뿐 아니라 개인의 삶에 있어서도 마찬가지입니다. 미래는 불확실함과 두려움, 그리고 예상치 못한 난관들과 하나님의 축복이 함께 섞여 있는 그야말로 미래입니다.

끊임없이 하나님의 도움을 구하며 희망을 품고 포기하지 않는다면, 예상되는 실패와 난관들은 오히려 성공적인 변화의 발판이 될 것입니다.

미국의 발명가 에디슨(Thomas Alva Edison)이 백열등의 필라멘트를 발명할 때의 이야기를 아는지요?

90여 가지의 재료로 실험했으나 필라멘트에 적합한 재료를 찾을 수 없자 그의 조수가 제안했습니다. "선생님, 필라멘트 발명은 불가능한 것 같습니다. 벌써 90여 가지 이상의 재료로 실험을 해보았으나 모두 실패했습니다. 이제 그만 이 연구를 중지하는 것이 좋지 않겠습니까?"

그러나 에디슨은 이렇게 대답했습니다. "자네는 왜 우리가 실패했다고 생각하나? 우리의 연구는 실패한 것이 아니네. 필라멘트에 적합하지 않은 재료가 무엇인지 발견하는 실험을 90번이나 성공한 것이네."

이러한 생각과 끈기 있는 자세로 에디슨은 2,400번 만에 드디어 전류를 흘려보내도 타지 않고 빛을 내는 필라멘트를 만들어 냈습니다.

에디슨의 표현대로라면 이렇게 말할 수 있지 않을까요? "필라멘트에 적합하지 않은 재료가 무엇인지 발견하는 실험을 2,399번이나 성공한 것이네. 그러다가 마침내 필라멘트에 적합한 재료가 무엇인지 알아낸 거고. 그러니까 우리는 2,400번의 실험 전체를 다 성공한 셈이야!"

진취적인 사람은 이렇게 해석도 다릅니다. 실패와 예상할 수 없는 난관을 두려워하지 않고 끝까지 도전하며 앞으로 나아가는 것입니다.

공동체의 발목을 잡는 사람

세상이라는 환경을 알고 미래를 예상하며 여기에 맞설 대안을 찾는 사람, 공동체를 헌신하게 하여 세상을 변화시키려고 애쓰는 사람이야말로 진취적인 기상을 가진 사람입니다.

함께 어떠한 일을 추진해 나갈 때, 적극적으로 나서서 이런저런 의견을 말하고 다양한 시도를 해보면서 앞으로 나아가려는 사람이 있는가 하면, 자신은 아무 의견도 내놓지 않으면서 다른 사람의 의견을 비판만 하는 사람들이 있습니다.

후자의 사람들의 이야기가 타당할 수도 있지만, 그것을 받아들이다 보면 결국 아무것도 이루어지는 것이 없습니다. 아니, 이루어진 것이 없을 뿐 아니라 목표를 향하여 앞으로 나아가려는 공동체 구성원들의 진취적인 자세와 사기까지도 꺾여 버리고 말지요. 그렇게 쉽게 두려워하고 뒤로 물러서며 다른 사람들의 의견에 대해 비판적이기만 한 사람들은 어디로 가고자 하는 방향도 없으면서 공동체의 발목만 붙잡고 있는 사람들입니다.

모든 달리는 물체에는 속도를 제어하는 장치가 있게 마련입니다. 자동차의 브레이크나 배의 스크루를 돌리는 역회전 기능 같은 것이 그것입니다. 그러므로 부정적으로 보이는 사람들의 의견에도 우리는 귀를 기울여야 합니다.

오직 한 방향으로만 통일된 생각을 가지고 그쪽 정보만 받아들이는 공동체는 매우 위험합니다. 당장은 단합이 잘되고 강력한 추진력을 가진 것처럼 보이지만 언젠가는 그 대가를 치르게 됩니다.

그렇지만 어떠한 사태에 대하여 적극적인 대책은 세우지 않고 대안도 없이 부정적인 발언만 계속하는 것은 공동체의 사기를 떨어뜨리고 사람들을 두려움 속에서 불안하게 하여 결국 공동체를 분열시키게 됩니다.

그리고 그 자신도 진취적이고 발전하려는 사람들로부터 소외를 당하게 됩니다. 어떤 일을 추진하기 위해서는 우선 그 일에 부정적인 사람을 설득해야 하는데, 그 과정에 에너지가 지나치게 소비된다 싶으면 사람들은 결국 그를 제쳐 두고 일을 하려 할 것입니다.

이런 일이 반복되면 부정적인 사람에게는 가능한 한 정보를 주지 않게 됩니다. 그가 최고 의사 결정권자라 하더라도 먼저 긍정적인 사람들과 생산적인 논의를 한 후에 대세를 형성해서 마지막에 설득하려 할 것입니다.

낙관적 태도의 유익

어느 임금이 꿈을 꾸었습니다. 자신의 이가 하나하나 다 빠져 버리는 꿈이었지요.

왕은 나라에서 유명한 해몽가를 불러다 꿈을 해석하게 했습니다. 그는 그 꿈을 해석하기를 "임금님의 친척들이 한 사람씩 모두 죽어 맨 나중에 임금님만 남게 될 것입니다."라고 해몽했습니다. 기분이 상한 임금은 그 해몽가를 죽이고, 다른 해몽가를 불러오게 했습니다.

임금의 꿈 이야기를 듣고 두 번째 해몽가는 이렇게 해석했습니다. "임금님이 집안의 모든 친척 중에 가장 장수를 하신다는 꿈입니다." 이에 왕은 매우 기뻐하며 그에게 많은 상금을 내렸다고 합니다.

어떤 일이든지 양면성이 있습니다. 좋은 점과 나쁜 점이 공존하고, 그 일이 잘될 수 있는 이유와 안 되는 이유가 공존하는 것입니다. 그런데 부정적인 사람은 안 되는 이유에 집착합니다. 좋은 점보다는 나쁜 점을 크게 보는 것이지요. 그러나 진취적인 사람은 매사에 좋은 점을 먼저 생각합니다.

미국의 경제 매체 '비즈니스 인사이더'(Business Insider)는 성공한 사람들은 절대 하시 않는 것이 무엇인지 소개했습니다. 그중 일부는 다음과 같습니다.

1. 과거에 연연해 살지 않는다. : 성공은 실패를 딛고 일어나는 능력에 있다. 과거에 연연하면 이런 일을 할 수 없다. 가치 있는 일을 이루려면 약간의 위험을 감수해야 해야 하지만 그렇다고 과거의 실패가 성공할 수 있다는 확신을 막게 해서는 안 된다. 과거에 사로잡혀 살면 앞으로 나아가는 것은 거의 불가능하다.

2. 문제에 사로잡혀 있거나 원한을 품지 않는다. : 정서적 상태는 어디에 주의력을 집중하느냐에 달려 있다. 문제에만 집착하다 보면 부정적인 감정과 스트레스가 발생하며 성과를 내지 못할 수 있다. 자신과 자신의 환경을 더 좋게 하는 행동에 집중할 때, 긍정적인 감정과 실적을 향상할 수 있는 감각을 끌어낼 수 있다.

3. 완벽함에 우선순위를 두지 않는다. : 세상에는 완벽이 존재하지 않는다. 완벽을 목표로 하면 늘 좌절하게 되고, 실패한 것을 슬퍼하는 데 시간을 허비하게 된다.

4. 주위에 부정적인 사람들을 두지 않는다. : 부정적이거나 늘 불평하는 사람들은 자신의 문제에 빠져 해결책에 집중하지 못한다. 독소나 다름없는 사람들인 것이다. 그들의 부정적인 감정에 휘말리지 않도록 분명히 선을 그어야 한다.

부정적인 태도는 모든 것을 부정적으로 해석하게 합니다. 우리의 눈을 가려 버려 아름답고 희망적인 것들을 볼 수 없게 만드는 것입니다.

그러나 진취적인 태도를 가진 사람은 비관적인 상황 속에서도 낙관을 발견합니다. 부정적인 사람은 결코 볼 수 없는 것들을 보고, 찾지 못하는 것들을 발견하는 것입니다.

그래서 부정적인 사람의 삶은 무미건조하고 변화가 없지만, 진취적인 사람의 삶은 언제나 즐거운 변화와 희망찬 기대가 가득합니다.

열정과 사랑의 열매, 진취와 창조

마가복음 2장 1-4절 말씀에서 중풍병자의 친구들은 지붕을 뚫어 병자를 달아 내렸습니다. 그들에게는 중풍병자를 낫게 해야 한다는 강한 목표 의식이 있었습니다. 그리고 그 열망이 그들로 하여금 지붕을 통해 병자를 매달아 내리는 창조적인 발상을 하게 했습니다.

그런데 이 열망은 중풍에 걸린 친구를 깊이 사랑했기 때문에 생겨난 것입니다.

진취적인 태도는 사랑으로부터 시작됩니다. 사랑하면 부정적인 태도를 보일 수 없습니다. 사랑하면 그 사랑하는 대상에 대해서 좋은 점만 찾게 되기 때문입니다.

신생아실에 누워 있는 아기들을 보면, 사실 그리 예쁘지 않습니다. 붓기도 채 빠지지 않았고, 피부도 빨갛습니다. 특별히 더 예쁘거나 못생긴 아이를 찾기 힘들 정도로, 갓 낳았을 때는 모두 비슷비슷합니다.

그런데 부모는 모두 그중에서 자기 아이가 가장 예쁘고 영리한 것 같다고 말합니다. 자기 아이에게는 무엇인가 특별한 점이 있다고 생각하는 것이지요. 여러분의 부모님도 마찬가지였을 것입니다.

모든 부모가 한 번씩은 이런 고민을 합니다. '우리 아이가 천재가 아닐까? 어떻게 돌도 안 된 아기가 맘마라는 말을 하지?' '우리 애는 너무 예뻐. 이대로만 자라면, 주변에서 연예인 시키라고 할 것 같아 걱정이다.'

사랑에 눈이 멀어서 그러는 것이라고 하면 너무 지나친 말일까요? 그런데 어쩔 수 없습니다. 정말 사랑하기 때문입니다.

진취적인 사람이 돼라

마찬가지입니다. 사랑하면 그 사랑하는 대상에 대해서 긍정적으로 생각하듯이, 삶을 사랑하는 사람은 삶에 대해 긍정적인 태도를 갖습니다. 고난 속에서도 희망을 찾고, 지금 힘들어도 내일을 기대합니다. 그러므로 어떤 일에 대해 부정적인 전망을 갖고 있다는 것은 그 일에 애정이 없다는 것입니다.

때때로 아주 무능하고 부족해 보이는 사람인데도 유능하고 재능이 많은 사람보다 더 훌륭하게 일을 해내는 것을 볼 수 있습니다. 대부분 그 비결은 진취적인 생각입니다.

기억하세요. 애정은 진취적인 태도를 낳고, 진취적인 태도는 창조적인 발상을 끌어냅니다. 그래서 진취적인 사람은 날이 갈수록 유능해지지만, 부정적인 사람은 시간이 지날수록 도태됩니다.

여러분의 생각과 태도를 돌아보십시오. 자기도 모르는 사이에 부정적인 방향으로 흐르고 있지는 않나요? 여러분의 주위 사람들을 살펴보십시오. 부정적인 성향이 강한 사람들이 많지는 않나요?

부정적이고 저항적인 태도를 가진 사람들은 어디를 가든 주류에 들지 못합니다. 역사는 진취적인 사람들에 의해 진행되고 이루어집니다. 진취적인 사람들이 새로운 역사를 쓰고 있는 동안, 부정적인 사람들은 뒤에서 비판만 할 뿐입니다.

여러분은 어떤 사람인가요? 혹시나도 부정적인 사고의 틀 속에서 부정적인 태도로 살고 있지는 않나요? 그렇다면 지금이라도 늦지 않았습니다. 자신이 그런 사람이라는 사실을 인정하고, 그것을 고치기 위해 노력해 보세요.

하나님은 진취적인 태도로 살아가는 사람을 기뻐하십니다. 하나님의 나라는 그러한 기상을 지닌 사람을 통해 이 땅에 이루어져 가기 때문입니다.

역사를 이끌어 가는 사람, 어떤 일을 맡기든지 성취를 가져오는 사람이 되세요. 어디에 있든지 주변에 머무는 사람이 아니라

주역이 되는 사람이 되세요. 그것이 하나님이 맡긴 사명을 사랑하고, 하나님이 허락하신 삶을 감사히 생각하는 사람의 바람직한 인생입니다.

생·각·해·봅·시·다

1. 어떤 일이든지 좋은 점과 나쁜 점이 공존합니다. 나는 좋은 점을 크게 보나요, 나쁜 점을 크게 보나요?

2. 진취적인 태도로 끝까지 포기하지 않고 도전한 일이 있나요?

3. 문제가 생기면 해결책을 찾는 데 집중하나요? 부정적인 태도로 비판만 하지는 않나요?

3장.

사과하라

유순한 대답은 분노를 쉬게 하여도 과격한 말은 노를 격동하느니라

잠 15:1

내가 신학교에서 교수로 재직할 때의 일입니다. 어느 날, 작은 교수실을 하나 배정받았는데, 평생 변변한 공부방 하나 가져 보지 못했던 터라 연구에 몰두할 수 있는 방이 생겼다는 사실만으로도 여간 감격스럽지 않았습니다.

나는 힘든 줄도 모르고 광이 나도록 온 방 안을 쓸고 닦았습니다. 일부러 가구 시장까지 나가 소파를 사 왔고, 학교에서 내준 책상 위에는 예쁜 테이블보를 씌웠습니다. 그렇게 애지중지 그 방을 가꿨는데, 지내다 보니 심각한 문제가 하나 발견되었습니다. 바로 소음 문제였지요.

교수실이 모자라서 원래는 하나였던 방을 막아 둘로 나누어 쓰고 있었는데, 하필 난방용 라디에이터가 중간에 있었습니다. 그래서 라디에이터 주변은 뚫어 둔 채 가운데 벽을 세웠고, 그러다 보니 옆방에서 나는 소리가 아무 여과 없이 다 들리게 된 것입니다.

마침 옆방은 연세 드신 여 교수님이 사용하고 계셨는데, 그분은 항상 라디오를 크게 틀어 놓곤 하셨습니다. 온종일 옆방에서 들려오는 라디오 소리가 나의 연구와 업무를 방해했습니다. 하지만 가장 큰 문제는 누군가와 조용히 대화를 나눌 수가 없다는 것이었습니다.

그날도 누군가와 심각하게 대화를 나누던 차였습니다. 라디오에서 흘러나오는 노랫소리가 너무나 거슬려, 참다못해 조교에게 옆방에 가서 양해를 구하도록 했습니다.

벽이 뚫려 있다 보니 조교가 '똑똑' 문 두드리는 소리까지 내 방에서 선명하게 들렸습니다. 조교가 조심스럽게 "죄송합니다. 교수님! 우리 교수님이 볼륨을 조금만 줄여 달라고 하시는데요." 하고 말을 꺼내자, 벼락이 치는 듯한 호통 소리가 날아왔습니다. "그래! 내가 볼륨 줄인다. 그런데 나한테는 볼륨 줄이라고 하면서 너는 왜 교수실에 친구들을 데려와 노닥거리니?"

나는 그제야 내가 없는 사이, 조교가 친구들과 교수실에서 소란스럽게 굴었던 일이 있었음을 알게 되었습니다. 옆방 교수님은 "다시는 교수실에서 친구들이랑 떠들지 마. 시끄러워 죽겠어!" 하며 조교를 심하게 야단친 후 돌려보냈습니다.

그런데 거기에서 끝났으면 좋았을 텐데, 그 교수님은 조교를 보낸 후 학과장에게 전화를 걸었습니다. 옆방에 소리가 다 전해진다는 사실을 그분도 아는 터라, 그것은 분명 나를 겨냥해서 한 행동이었습니다. "학과장님이시죠? 저 아무개 교수입니다. 저는 옆방을 쓰는 김남준 교수와 어떻게든 좋은 이웃이 되어서 지내 보려고 했는데……. 속상해서 이거 방을 옮기든지 해야지."

'탕' 하고 전화기를 내려놓고, '쾅' 하고 부서져라 문을 닫고 나가는 소리까지 들으며, 나는 억울하다는 생각을 했습니다. '대체 내가 뭘 그렇게 잘못했지?' 아무리 생각해도 내게는 그 교수님에게서 이런 대우를 받을 만한 잘못이 없었습니다.

밤이 되어 집에 왔는데, 도무지 잠이 오지 않았습니다. '정작 자기는 라디오를 듣다가 끄지도 않고 강의하러 나가 버린 적이 한두 번이 아니면서, 라디오에서 흘러나오는 가요를 참고 참다가 딱 한 번 소리 좀 낮춰 달라고 이야기한 것이 그렇게 잘못인가?', '소란을 피운 적이 있다 해도 그것은 조교의 문제 아닌가?', '날이 밝으면 그 교수님을 찾아가 명명백백하게 시시비비를 가려야겠다.' 등 온갖 생각으로 새벽까지 뒤척였습니다.

그러다 새벽녘에 일어나 기도를 시작했는데, 일단 사과하자는 생각이 들었습니다. 그래서 아침에 출근하자마자 그 교수님을 찾아갔습니다. 벌써 나를 맞는 안색부터 곱지 않았습니다. 그러나 무조건 정중하게 인사를 드리고, "교수님, 어제 일로 속상하게 해드렸다면 죄송합니다. 저희 조교가 제가 없는 동안 제 연구실에서 소란을 피워 교수님을 불편하게 해드린 줄 미처 몰랐습니다. 어쨌든 다 제 잘못이니 용서하십시오."라고 사과를 건넸습니다.

그러자 신기하게도 그분의 얼굴이 확 펴졌습니다. "아! 그런 게 아닙니다. 교수님이 미워서 제가 그런 것이 아니라 그 조교가 버릇이 없어서 혼을 낸다는 게 그만……. 오신 김에 차나 한잔 마시고 가세요."

차를 마시며 이야기를 들어 보니, 그분 역시 집에 가서 한잠도 못 주무셨다는 것이었습니다. 라디오를 크게 틀어 놓은 것도 돌이켜 보니 마음에 걸리고, 무엇보다 나이 먹은 사람이 이해심 없이 그 자리에서 학과장에게 전화를 건 것이 생각할수록 부끄러웠다는 것이지요.

그날 이후 그 교수님과 나는 각별한 사이가 되었습니다. 그분이 퇴직하시기 전까지 2년여간 옆방을 썼는데, 선물도 많이 주고받고 좋은 대화도 많이 나누었습니다.

돌이켜 생각해 보니, 아마도 아무 갈등이 없었다면 그 교수님과 친해질 수 없었을 것입니다. 이처럼 갈등은 더 깊은 관계로 나아가는 기회가 되기도 합니다. 그러나 모든 갈등이 이렇게 아름다운 결과를 맺는 것은 아닙니다.

　신문을 읽다 보면, 아주 작은 갈등이 살인의 참극을 불러온 예를 많이 발견할 수 있습니다. 주차 시비, 쓰레기 무단 투기, 층간 소음, 식당 사이의 호객 경쟁 등 별것 아닌 일에서 시작된 갈등이 살인으로까지 이어집니다.

　"미안합니다."

　이 한마디를 하지 않아 끔찍한 결과가 일어난 것입니다.

　여러분은 어떤가요? 갈등이 생겼을 때, 잘못을 인정하고 진심으로 사과하나요? 아니면 사과하기를 망설이나요?

사과의 놀라운 힘

　아무런 잘못 없이 완벽하게 인생을 살아가는 사람은 없습니다. 누구나 무수히 실수하고, 내 뜻과는 달리 피해를 주기도 하며, 알게 모르게 다른 사람들에게 상처를 주며 살아갑니다.

　그런데 많은 사람이 누군가 자신에게 잘못한 일들을 떠올리는 것에는 익숙하면서도, 자신이 다른 사람들에게 잘못한 일들을 돌아보는 데는 서툽니다. 오히려 다른 사람들보다 자신이 제법 괜찮은 사람이라고 자부하기도 합니다.

　그러나 우리는 인생을 살며 주위 사람들에게 많은 상처를 준다는 것을 알아야 합니다. 우리가 삶 속에서 부딪히는 문제의 대부분은 사람과의 관계에서 저지른 실수에서 기인합니다.

잠언 15장 1절 말씀을 살펴봅시다.

유순한 대답은 분노를 쉬게 하여도 과격한 말은 노를 격동하느 니라.

이 말씀이 묘사하고 있는 상황도 어떤 갈등이 있는 상황입니다. 어떤 일인지는 드러나 있지 않지만, 상대방이 매우 화가 나서 무엇인가를 따지고 있습니다. 그때 필요한 것은 유순한 대답입니다. 덩달아 과격하게 대응하면 커다란 다툼이 일어나고 맙니다.

자동차 운전면허를 따고 한 달이 채 되지 않았을 때, 지방에 차를 몰고 갈 일이 생겼습니다. 다행히 목적지에 무사히 도착했는데, 차가 많지 않은 시골길이라 긴장이 풀려서 그랬는지 직진하는 버스를 미처 보지 못하고 큰길에 진입했습니다. 갑자기 나타난 내 차에 놀라 달려오던 버스가 급정거를 했고, 버스 기사는 화가 나서 버스에서 내렸습니다.

나는 급히 차에서 내려 상대방이 뭐라고 말할 틈도 없이 "죄송합니다. 제가 면허를 딴 지 3주밖에 안 되어서 아직 서툽니다. 정말 죄송합니다." 하고 사과했습니다. 결국 그 버스 기사는 "앞으로 운전 잘해요." 하고는 다시 차를 타고 떠났습니다.

만약 내가 그때 "당신은 왕년에 초보 아니었습니까? 사람이 다 실수도 하는 거지! 사고만 안 났으면 된 거 아닙니까?" 하고 맞

대응했다면 어떻게 되었을까요? 진실한 한마디의 사과는 상황을 좋게 변화시키는 놀라운 힘을 발휘합니다.

사과를 망설이는 이유

그런데 왜 사람들은 사과하는 일을 망설일까요?

첫째로 자존심 때문입니다. 그런데 사과를 꺼리게 하는 자존심을 올바른 자존심이라고 할 수 있을까요? 아닙니다. 진정으로 자신을 존중하는 사람은 사과해야 할 상황을 대충 넘어가거나 피하지 않습니다. 잘못된 것은 인정하고, 자신으로 인해 상처받은 사람이 있다면 진심으로 고개를 숙이는 것이 자신을 올바로 지키는 일임을 알기 때문이지요. 그러므로 사과할 수 있는 용기가 진짜 자존심입니다.

동남아 휴양지에서 일본 관광객들에 대한 평가는 매우 좋습니다. 일본인은 아시아권의 다른 어떤 나라보다 예의가 깍듯하고, 질서 있게 행동한다는 것이 일반적인 인식입니다.

그런데 개개인이 풍기는 좋은 인상에도 불구하고, 국제 사회에서 일본의 위상은 낮은 편입니다. 특히 아시아권에서는 많은 나라가 일본에 대해 적대감과 편견을 갖고 있는 것이 현실입니다. 왜일까요? 이것은 모두 자국의 지나간 잘못을 대하는 일본의 태도가 미성숙하기 때문입니다.

독일의 경우는 어떠한지요. 1970년 당시 독일의 총리였던 빌리 브란트(Willy Brandt)는 2차 대전 최대 피해국인 폴란드의 전쟁 희생자 추모비를 방문하여 공식적으로 사과했습니다. 그는 추모비 앞에서 무릎을 꿇고 눈물을 흘렸고, 그가 보여 준 진심 어린 태도에 전 세계가 감동했습니다.

독일 정부 지도자들은 기회가 있을 때마다 자신들의 잘못을 인정하고, 사과하기를 망설이지 않습니다. 그들은 과거 아리아인, 즉 게르만족에 의해 이루어진 영광스러운 역사를 명예롭게 계승하기 위해서는 오욕으로 점철된 역사 또한 고스란히 껴안아야 한다고 생각했습니다. 그래서 그들은 스스로 나치 시대를 부끄럽게 여긴다고 밝히며, 과거의 역사적 잘못을 정직하게 인정했습니다.

사과하는 것을 자존심 상하는 일로 여기는 사람은 열등감에 사로잡혔다고 볼 수 있습니다. 그는 사과를 꺼리는 태도는 그 자체로 비굴임을 모릅니다. 자존심이라고 생각하는 그 감정의 정체가 열등감이라는 사실도 인정하려 하지 않지요.

정말 자신감 있는 사람은 서슴없이 말합니다. "그거 제가 잘못했군요. 제가 책임지겠습니다. 정말 미안합니다."

둘째로 자기가 잘못한 것을 모르기 때문입니다. 주변의 모든 사람이 "네가 잘못했다."라고 말해도, 정작 본인은 자신이 잘못했다고 생각하지 않습니다. 요즘 말로 개념이 없는 것이지요. 이는 자기를 성찰하는 능력, 즉 자기의 마음을 반성하고 살피는 능력이 결핍되었기 때문입니다. 안타깝게도 현대인들의 상당수가 이러한 문제를 갖고 있습니다.

　여기에는 여러 가지 원인이 있는데, 우선 지적되어야 할 것이 컴퓨터를 비롯한 각종 디지털 기기들이 주는 감각적인 자극에 중독되어 있기 때문입니다.

　성찰 능력을 기르기 위해서는 기본적으로 사색이 필요합니다. 그런데 이 사색은 감각적인 것들로부터 어느 정도 거리를 두어야 가능합니다. 자기 자신을 객관적으로 바라보며, 스스로 살피기 위해서는 관념적인 것들에도 생각을 집중할 줄 알아야 하는 것이지요. 그러나 삶의 철학이나 태도를 논하는 것을 고리타분하게 생각한다면, 이러한 충고가 절대 들리지 않을 것입니다.

　자기 성찰력이 없는 사람의 삶의 태도가 고쳐지는 일은 쉬운 일이 아닙니다. 잘못을 하고도 그것이 잘못인 줄 모르고, 어렵게 지적해 주어도 자기 논리로 변명만 늘어놓는 사람에게 과연 희망이 있을까요? 반성할 줄 아는 사람에게는 실수도 교훈이 되고 좌절도 약이 되지만, 반성할 줄 모르는 사람은 성공은 성공대로 독이 되고 실패는 실패대로 해가 됩니다. 그러므로 우리는 끊임없이 자기 자신을 객관적으로 바라보며 성찰하는 능력을 길러 나가야 합니다.

거짓말이 낳은 결과

　미국의 제37대 대통령 닉슨(Richard M. Nixon)은 1970년대 초반까지도 세계에서 가장 존경받는 정치인이었습니다. 그의 외교 능력은 이미 부통령 시절 소련을 방문해 흐루쇼프(Nikita Sergeyevich Khrushchyov)와 회담함으로써 증명되었습니다.

그는 대통령이 된 이후에도 '닉슨 독트린'(Nixon Doctrine, 1969년 닉슨이 발표한 아시아에 대한 외교 정책)을 발표하며 화합과 상생의 세계 질서를 세우는 데 기여했고, 미국 대통령으로는 처음으로 중국을 공식 방문하여 수교를 맺고 동서 데탕트(détente, 프랑스어로 '긴장 완화'라는 뜻) 시대를 열었습니다. 1973년에는 베트남과 파리 협정을 맺으며, 미국을 악몽과도 같던 베트남전의 수렁에서 건져 내기도 했습니다.

닉슨은 경제적으로도 많은 성과를 낸 대통령입니다. 그는 당시 미국 경제의 가장 큰 이슈였던 인플레이션과 실업 문제 해결을 위해 다양한 각도에서 노력했고, 그의 경제 정책 대부분이 성공을 거두었습니다. 국방 예산을 줄이고 복지 예산을 늘리는 정책을 취한 것도 긍정적인 평가를 받는 부분입니다.

그러나 이런 여러 업적에도 불구하고, 사람들은 그를 '최악의 대통령'으로 꼽습니다. '최초로 중국 땅을 밟은 미국 대통령'이 아니라 '불미스러운 일로 사임한 대통령'으로 기억하는 것입니다.

닉슨의 불명예스러운 사임은 워터게이트 사건(Watergate Affair) 때문이 아니라 워터게이트 사건에 대한 그의 거짓말 때문이었습니다. 만약 닉슨이 처음부터 솔직하게 자신의 잘못을 인정하고 진솔하게 사과를 했다면 어땠을까요? 역사는 다른 방향으로 흘러갈 수도 있지 않았을까요?

워터게이트 사건은 1972년 6월 워싱턴의 워터게이트 빌딩에 있는 민주당 전국위원회 본부에 절도범 5명이 침입했다 잡히면서 시작됩니다. 처음에는 단순 절도 사건으로 덮어지는 듯했습니다.

그런데 얼마 뒤 절도범 가운데 한 명인 맥코드(James W. McCord)의 수첩에서 닉슨 대통령의 측근인 헌트(Edward Howard Hunt, Jr.)의 백악관 사무실 전화번호가 발견됩니다. 그러나 당시 법무부 장관이었던 미첼(John Mitchell)은 백악관과 워터게이트 빌딩 침입 사건의 연결 고리를 완강히 부인했고, 백악관 역시 이를 부인하는 성명을 발표합니다. 그해 11월 결국 닉슨은 미국 역사상 최고의 득표율로 재선에 성공합니다.

그러나 재선에 성공한 이후에도 워터게이트 빌딩 침입 사건은 계속 닉슨의 발목을 잡았습니다. 기소된 범인들이 모두 유죄를 시인하자, 상원은 워터게이트 특별 조사위원회를 구성하여 백악관 직원들을 소환하기 시작했습니다. 언론 역시 무엇인가 석연치 않은 구석이 있음을 간파하고 추적을 계속했습니다.

이에 닉슨은 1973년 11월 17일 플로리다 주 올랜도에서 400여 명의 기자들을 모아 놓고 자신의 결백을 주장하는 기자 회견을 갖습니다. "I am not a crook"(나는 사기꾼이 아니다). 그러나 안타깝게도 그의 이 말은 희대의 거짓말로 역사에 길이 남게 됩니다.

이후 닉슨은 꼬리에 꼬리를 무는 거짓말을 계속합니다. 사건의 내막이 드러나며 백악관과의 연결 고리를 부정할 수 없게 되자, 닉슨은 "나는 모르는 상태에서 측근들이 과잉 충성으로 저지른 일이다."라고 변명합니다.

하지만 대통령 집무실의 모든 대화가 자동으로 녹음이 된다는 사실이 청문회를 통해 알려졌고, 상원 특별 조사위는 대화 내용이 녹음된 테이프 제출을 요청합니다. 닉슨은 대통령의 특권을 들어 이를 거부합니다. 우여곡절 끝에 테이프를 제출할 수밖에 없게 되자, 어쩔 수 없이 테이프를 제출했는데 알고 보니 약 18분 분량이 삭제되어 있었습니다.

닉슨의 거짓말에 법원도, 언론도, 국민도, 심지어 측근들조차 지쳐 갔고, 결국 1974년 7월 하원은 권력 남용, 선거 방해, 탈세, 사건 수사 방해 및 은폐 시도 등의 이유로 닉슨의 탄핵안을 채택합니다. "더 이상 감출 게 없다."는 거짓말로 일관된 대통령의 비참한 파멸이었습니다.

1974년 8월 4일, 닉슨은 워터게이트 사건 은폐에 사실상 관여했으며, 수사의 범위를 백악관까지 확대하지 말도록 연방수사국(FBI)에 지시했었다는 사실을 털어놓습니다. 그리고 8월 8일, 사퇴 성명을 발표하고 쓸쓸히 권력에서 물러납니다.

모두 이렇게든 잘못을 숨기고 넘어가려던 시도가 자초한 비극이었습니다. 이 사건은 1976년 「모두기 대통령의 사람들」(앨런 J. 파큘라 감독)이라는 영화로 만들어지기도 했습니다.

실수 자체보다 실수 이후가 중요하다

잘못을 인정하는 것은 부끄러운 일이 아닙니다. 정말로 부끄러운 것은 잘못을 들키지 않으려고 전전긍긍하는 태도입니다. 무엇인가 잘못이 있다면 사과하는 일에 머뭇거릴 필요가 없습니다. 사과해야 할 상황에서 사과하지 않고 넘어가는 것은 상대는 물론 자기 자신까지 망치는 행위입니다.

제대로 사과하지 않으면 상대방은 이런 메시지를 전달받습니다. '나는 당신과의 관계를 중요하게 생각하지 않으며, 당신을 존중하지도 않습니다.'

"미안합니다."라는 말을 두려워하지 마세요. 사과란 실수한 사람의 자기 존중이지, 결코 굴욕이나 패배가 아닙니다. 누구나 실수합니다. 그러므로 중요한 것은 실수 그 자체가 아니라 실수 이후의 태도입니다.

어느 책에서 골드만삭스(Goldman Sachs)의 CEO이자 미국의 재무장관을 역임한 바 있는 행크 폴슨(Hank Paulson)이 이렇게 말하는 것을 보았습니다. "나는 부하 직원들과 대화할 때 내가 저지른 실수에 대해 이야기하는 것으로 시작한다. 이는 직원들에게 자신도 할 수 있다는 자신감을 불러일으키기 위해서다." 사람들은 실수를 겸허히 인정하는 사람을 더욱 신뢰합니다.

각각 다음과 같은 문구를 붙인 과일 가게가 있다고 합시다.

A - 우리 가게의 과일은 최고의 당도를 자랑합니다.

B - 산지 사정으로 오늘 수박은 당도가 조금 떨어집니다. 살 때 참고하십시오.

여러분은 A와 B 둘 중 어느 과일 가게로 향하게 될 것 같나요?

사람들의 심리는 이상합니다. 고개를 숙이고 "제가 잘못했습니다. 제발 저를 용서해 주세요."라고 말하는 사람이 그렇게 못하는 사람보다 더 깊이 마음에 남습니다.

그러므로 사과를 하면 왠지 상대방이 자신을 얕보고 무시할 것이라는 생각은 버려도 좋습니다. 용서를 비는 상대를 보며 처음에는 약간의 우월감을 느낄 수도 있을 것입니다. 그러나 그것보다 더 진하게 상대방의 가슴에 남는 인상은 '이 사람은 정말 나와의 관계가 끊어지는 것을 원하지 않는구나. 나도 이 사람을 믿어 주고, 앞으로 더 잘 지내야겠어.'라는 것입니다.

사과, 관계의 문을 여는 열쇠

사람들은 쉽게 말합니다. 사과를 받지 못해도 용서해 주는 것이 사랑이라고 말입니다. 그러나 인간관계 속에서 그런 사랑을 발견하기란 매우 어렵습니다. 모든 사람이 우리를 그렇게 사랑하지 않는 것은 우리 자신이 모든 사람을 그렇게 사랑하지 못하는 것과 같은 이유 때문입니다.

완전한 용서와 사랑은 하나님께만 있습니다. 그러므로 우리는 서로 자신의 잘못을 반성하고, 먼저 사과하고 용서를 구함으로써 다른 사람들 마음 안에 있는 자비와 사랑을 끌어내야 합니다.

만약 우리가 서로 마음을 닫고 자신에 대해서 반성하지도, 자신의 잘못에 대해 다른 사람들에게 사과하지도 않으려 한다면, 작은 실수와 작은 잘못으로도 관계는 깨어져 계속 미워하고 원망하는 상태가 될 것입니다.

사과는 꼭꼭 닫힌 관계의 문을 여는 열쇠입니다. 아무리 관계를 개선해 보려고 노력해도 되지 않는 사람이 있다면, 먼저 사과해 보세요. 여러분의 입장을 설명할 필요는 없습니다. 그것은 그 사람의 마음 문이 열린 이후에 해도 됩니다.

다른 이야기는 모두 가슴에 묻어 두고, 우선 진심으로 사과하세요. 잘잘못이 누구에게 더 많은지, 누가 먼저 원인을 제공했는지 등은 굳이 따지지 않아도 나중에 다 알게 됩니다. 관계가 회복되면, 갈등을 일으킨 문제 상황도 자연스럽게 풀리는 것이지요.

내가 아는 한 사람은 심각할 정도로 자기의 잘못이나 실수를 인정하려 하지 않았습니다. 참 성실한 사람이라 다른 사람들에게서 그런 이야기를 처음 전해 들었을 때는 믿기 어려웠습니다. 그러나 내게도 그러한 문제가 느껴졌고, 안타까운 마음에 그에게 말을 꺼냈습니다.

그런데 막상 이야기를 나누어 보니 나도 화가 날 정도였습니다. "그건 목사님이 잘 모르셔서 그래요.", "그건 목사님이 일부분만 보셔서 그래요." 그래서 나중에 그랬습니다. "아무렴 내가 너만큼 모르겠니? 누가 진심으로 너를 위해 뭐라고 충고하면, 제발 귀 담아 좀 들으렴."

그날 이후로, 나는 그 사람과 깊은 대화를 나누는 것이 매우 어렵게 느껴졌습니다. 그렇게 살면 결국 자신의 잘못을 반성할 줄 모르는 자기만 외롭게 남겨질 뿐입니다. 철저하게 자기를 변명하여 얻어 낼 수 있는 것은 아무도 돌아보아 주지 않는 외로움뿐입니다.

무엇인가 꾸시람을 들으면 일단 인정하고 이렇게 말해 보세요. "제가 잘못했습니다. 최선을 다하지 못했네요." "제가 실수했네요. 이해해 주세요."

그럴 수밖에 없는 사정이 있었다면, 얼마 지나지 않아 상대방에게도 알려질 것입니다. 다른 것은 생각하지 말고, 각자 자신이 잘못한 것만 생각하세요. 그러면 문제는 한결 간단해집니다.

1분 1초라도 먼저 사과하는 용기 있는 사람, 올바른 자존심을 지닌 사람이 되길 바랍니다.

사과의 기쁨을 배우라

여러분은 사과의 기쁨을 느껴 본 적이 있나요?

딸아이가 중학교에 다닐 때쯤의 일인 것 같습니다. 자정이 넘었는데 문소리가 나서 나가 보니 딸이 콧노래를 부르며 들어오고 있었습니다.

한밤중에 어딜 다녀오는지 물으려고 다가갔더니, "어, 아빠!" 하며 나를 와락 끌어안았습니다. "왜 이렇게 기분이 좋아? 무슨 선물이라도 받았니?" 하고 물었더니, 한동안 사이가 멀어졌던 친구가 집 앞으로 찾아왔더랍니다. 그리고 먼저 사과를 하더랍니다.

순간 딸아이도 너무 미안해져서 "내가 더 미안하다."라고 말하고, 화해를 했다고 합니다. 그런데 그러고 나니 기분이 너무 좋아서 마치 날아갈 것 같다는 것입니다.

사과를 해본 사람만이 사과의 기쁨을 압니다. 사과할 용기가 도저히 나지 않나요? 마음에 무거운 짐을 지고 살아가도 괜찮다고 생각하는 것이 더 무모한 용기입니다. 새가 무거운 추를 달고는 멀리 날 수 없듯이, 마음에 무거운 짐을 지고는 올바른 삶을 살 수 없습니다.

잘못을 인정하고 진심으로 사과하는 것을 두려워하지 마세요. 사과는 한 사람의 인격의 깊이를 보여 주는 행동이며, 더 깊은 관계로 나아가게 하는 지혜입니다.

생·각·해·봅·시·다

1. 사과하는 것을 망설인 적이 있다면, 그 이유를 생각해 보세요.

2. 나는 반성할 줄 아는 사람인가요? 잘못을 하고도 그것이 잘못인 줄 모르고, 누군가가 지적해 주어도 변명만 늘어놓지 않는지 돌아보세요.

3. 상대방에게 진심으로 사과해서 관계가 더 좋아진 적이 있나요?

4장.

다투지 말라

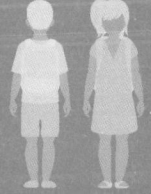

다툼을 멀리하는 것이 사람에게 영광이거늘 미련한 자마다 다툼을 일으키느니라

잠 20:3

　그리스 신화 가운데 이런 이야기가 있습니다. 헤라클레스가 걸어가다가 길 위를 굴러다니던 어떤 이상한 물체에 발등을 찍혔습니다. 화가 난 헤라클레스는 그것을 부숴 버리려고 발을 높이 들어 힘껏 밟았습니다.

　그런데 이게 웬일입니까? 부서지기는커녕 몇 배 더 커지는 것이 아닙니까? 약이 오른 헤라클레스는 그 물체를 더욱 세게 밟고 몽둥이로 내리치기까지 했습니다. 하지만 그럴수록 그 물체는 점점 커질 뿐이었습니다. 부수려고 하면 할수록 더욱 커지는 악순환이 되풀이되어, 마침내 그 물체는 헤라클레스가 가려던 길까지 꽉 막아 버렸습니다.

　그제야 헤라클레스는 놀라 몽둥이를 내던지고 주저앉아 버렸습니다. 우두커니 앉아 이러지도 저러지도 못하고 있는 헤라클레스 앞에 아테네가 나타났습니다. "이것은 다툼이라는 녀석이지요. 부추기지 않는 한 그것은 처음 모양으로 있어요. 그러나 더불어 싸우면 한없이 커지지요."

사람의 영광

사람이 살아가기 위해서는 우선 몸의 필요가 채워져야 합니다. 먹고, 자고, 입는 기본적인 문제가 해결되어야 하는 것이시요. 그런데 이런 문제가 어느 정도 해결되고 나면, 그다음에 사람들이 필요로 하는 것이 있습니다. 바로 '사람대접'을 받는 것입니다.

사위지기자사 여위열기자용(士爲知己者死 女爲悅己者容)이라는 말이 있습니다. '선비는 자기를 알아주는 사람을 위해 목숨을 바치고, 여자는 자기를 기쁘게 해주는 사람을 위해 얼굴을 꾸민다.'라는 뜻이지요. 이는 중국 전한 시대의 역사가 사마천이 저술한 『사기』(史記)에 나오는 말입니다.

중국 진나라에 예양이라는 사람이 있었는데, 그는 지백이라는 사람의 신하였습니다. 지백은 예양의 사람됨을 높이 평가하며 그를 매우 아끼고 극진히 대접해 주었습니다.

그러던 어느 날, 지백이 조양자라는 사람에게 죽임을 당했습니다. 예양은 조양자에게 복수를 하기로 다짐하면서 이렇게 말했습니다. "선비는 자기를 알아주는 사람을 위해 목숨을 바치고, 여자는 자기를 기쁘게 해주는 사람을 위해 얼굴을 꾸민다. 지백이 나를 알아주었으니, 내 목숨을 바쳐서라도 원수를 갚는다면, 내 혼백이 부끄럽지 않을 것이다."

예양은 기회를 틈타 조양자를 암살하려고 몇 번이나 시도했습니다. 그러나 실패하여 결국 붙잡히고 말았습니다. 조양자는 예양에게 물었습니다. "너는 예전에 범씨와 중행씨를 섬기지 않았느냐? 지백이 그들을 모두 죽였는데, 너는 원수를 갚기는커녕 도리어 지백의 신하가 되었다. 지백도 이미 죽었는데, 너는 어찌 홀로 그를 위해 집요하게 복수를 하려고 하는 것이냐?"

예양이 대답했습니다. "저는 범씨와 중행씨를 섬겼으나, 그들은 모두 저를 보통 사람으로 대우했기에, 저 역시 보통 사람으로서 그들에게 보답했을 뿐입니다. 그러나 지백은 저를 선비로 대우했기에, 저도 선비의 예로 그에게 보답하려는 것입니다."

이후 예양은 조양자에게 옷을 달라고 하여 그것을 칼로 베어 원수를 갚으려는 뜻을 이루게 해달라고 청했습니다. 옷을 받은 예양은 칼로 옷을 세 번 찌른 후 자결했습니다.

자신을 알아주는 사람을 위해 목숨까지 바칠 정도로 사람대접을 받는 것이 얼마나 중요한 일인지 알 수 있는 이야기입니다.

사람은 누구나 인성을 얻고 대접을 받는 것을 좋아합니다. 그리고 이것이 바로 잠언 20장 3절 말씀이 이야기하고 있는 '다툼을 멀리하는 사람이 누리게 되는 영광'입니다.

다툼을 멀리하는 것이 사람에게 영광이거늘 미련한 자마다 다툼을 일으키느니라.

흔히 '영광' 하면 하나님의 영광만 떠올리는데, 사람에게도 사람 나름대로의 영광이 있습니다. 재물, 명예, 인기, 남다른 대접을 받는 것, 좋은 것을 많이 누리는 것 등이 모두 사람의 영광입니다.

그런데 사람은 자기 자신이 영광을 누리는 것은 좋아해도, 나른 사람이 영광을 누릴 수 있게 하는 것에는 인색합니다. 그래서 우리는 우리 자신의 장점이나 좋은 점들이 사람들에게 과소평가 받지 않도록 잘 지켜야 합니다. '자존감 갖기'도 이런 맥락의 개념입니다.

그러면 왜 성경은 다투지 않는 것이 사람에게 영광이 된다고 말하고 있는 것일까요?

사실 어떻게 보면 쉽게 화내고, 아무 거리낌 없이 다투는 사람들이 오히려 더 대접받는 것 같기도 합니다. 되도록 모두가 그 사람을 건드리지 않으려고 애쓰니까요. 그 사람이 말하면 가능한 한 토를 달지 않고, "아, 그렇군요.", "알았습니다. 마음대로 하세요.", "네, 그렇게 하세요." 하고 넘어갑니다. 해달라는 대로 해주니 그 사람을 최대한 높여 대접해 주는 것 같습니다.

그러나 가만히 보면, 그 사람이 가장 외롭고 불쌍하다는 것을 알 수 있습니다. 모두 겉으로만 대우해 줄 뿐, 마음으로는 그를 무시하고, 가까이 올까 봐 피하고 있기 때문입니다.

여러분은 어떤가요? 사람들이 친절하게 대해 주는 것, 여러분의 말에 고개를 끄덕여 주는 것 말고, 여러분의 인간관계를 돌아보십시오. 언제든 솔직하게 마음을 털어놓을 수 있는 친구가 있나요? 여러분의 단점을 진심으로 안타까워하며 지적해 주는 친구가 있는지요?

다투며 사는 사람은 이 세상을 살아가며 진정한 의미에서의 '사람대접'을 받지 못합니다. 어쩌면 그것은 다투는 사람들이 이 세상을 살아가며 겪어야 하는 대가인지도 모릅니다.

다툼의 삶을 사는 이유, 혈기

다툼을 좋아하는 사람이 있을까요? 아마 없을 것입니다. 그런데도 집집이, 동네마다, 나라 곳곳에서 다툼이 벌어집니다. 왜 그렇게 살아가는 것일까요? 다투지 않으면 편안하게 살 수 있을 텐데 말이지요. 다투는 데는 여러 가지 이유가 있지만, 여기에서는 대표적인 두 가지만 이야기하겠습니다.

첫째로 혈기 때문입니다. 엄청난 이해관계가 얽혀 있지 않은데도, 죽기 살기로 덤벼드는 사람들이 있습니다. 이들은 그 문제가 아주 중대해서가 아니라 스스로 자신을 통제하지 못하기 때문에, 별것 아닌 일에도 흥분하고 목에 핏대를 세웁니다.

사실 누구나 마음속에서 울컥하고 치밀어 오르는 혈기를 경험합니다. 그러나 대부분은 그것을 절제하며 살아갑니다. 절제를 훈련하다 보면, 무엇인가 심각하게 '욱'하고 치밀어 올라도 그것을 억누를 수 있는 저항력이 길러집니다.

하지만 절제 없이 치밀어 오르는 대로 발산하며 살아온 사람에게는 혈기를 억제할 수 있는 그 어떤 통제력도 존재하지 않습니다. 그래서 별것 아닌 일에도 화를 주체하지 못하지요.

만약 여러분 모두가 학교에서 혈기를 참지 않는다면 어떻게 될까요? 학교가 날마다 전쟁터 같겠지요? 아마 대부분은 집 밖에서는 조심스럽게 행동하며 욱하는 감정이 들어도 참고 넘어갈 때가 많을 것입니다.

하지만 집에서는 어떤가요? 별것 아닌 일에도 참지 못하고 가족에게 순간순간 욱하며 행동할 때가 많지 않나요? 동생이 있다면, 동생이 크게 잘못하지 않았는데도 "야!" 하고 소리를 지를 때가 있을 것입니다. 부모님이 잔소리를 늘어놓으시면 "됐어요! 제가 어린애인 줄 아세요?", "그만하세요! 저 혼자 있고 싶어요!" 하며 악을 쓸 때도 있을 것입니다.

혈기란 자신이 원하지 않는 상황에 대해 일어나는 분노와 거절의 감정을 절제 없이 드러내는 것입니다. 그런데 더욱 무서운 것이 이런 혈기가 습관화되는 것입니다. 한 번 두 번 자신을 억제하지 못하고 혈기를 쏟아 내다 보면, 그것이 자연스러운 성향이 되어 버립니다. 이렇게 되면 생각에서 말로, 또 느낌에서 행동으로, 절제나 반성 없이 곧바로 충동적 발산으로 이어지는 힘든 삶을 살게 됩니다.

더구나 충동적 삶은 그런 삶을 살아가는 사람으로 하여금 엄청난 대가를 치르게 합니다. 절제 없이 쏟아 낸 혈기의 말과 행동은 순간의 일이지만, 이로 말미암아 파괴되는 인간관계는 오래도록 지속하기 때문입니다. 심지어 깨어진 인간관계는 평생 우리를 괴롭히며 삶을 짓누를 것입니다.

사람을 남기는 삶을 살라

만나면 반가운 사람이 있는가 하면, 마주칠까 무서운 사람이 있습니다. 조금만 마음에 안 들어도 표정에 다 드러나고, 가는 곳마다 다툼을 일으키는 사람이라면 누구나 만나기를 꺼릴 것입니다. 우리는 누구나 잘 웃고, 부드럽고, 관대하고, 따뜻한 사람에게 끌립니다.

자기 일에 열정이 있고 목표 의식이 분명한 사람들은 그 일을 진행해 나가는 데 있어서 발생하는 어려움을 힘들어합니다. 더

욱이 그 어려움이 특정한 사람들과 관계가 있을 때, 일에 대한 열정과 집착으로 사람들과의 관계를 파괴하는 행동도 서슴지 않습니다. 자신의 일이 방해받고 있을 때, 욱하고 치밀어 오르는 혈기를 스스로 일의 성취를 위한 정당한 분노라고 합리화하기 쉽기 때문입니다.

그리고 그러는 사이 그들은 이미 자신의 일에 도움이 되지 않는 사람들을 무능하고 가치 없는 사람들이라고 판단해 버립니다. 그래서 이런 사람들은 혈기에 대해서 반성하기보다는 자신에게 그런 혈기를 불러일으킨 사람들을 반성하도록 만들고 싶어 합니다.

나는 교회 직원들에게 늘 말합니다. "마음은 둥글게, 일은 네모지게……." 그러나 그렇게 하기가 쉽지 않다는 것을 늘 느낍니다. 마음이 순하고 둥글둥글해서 사람들과 잘 지내는 사람은 일도 절도가 없고 목표 의식도 부족하여, 어려움이 있을 때 인간관계를 상하게 하면서까지 자신의 일을 완수하려고 하지 않습니다. 어떻게 보면 사람들에 대해서 좋은 태도를 가지고 있다고도 말할 수 있지만, 일에 대해서는 열정이 부족한 것이지요.

반면에 무슨 일을 시키든지 정말 반듯하게 제때에 처리해 칼 같다는 말을 듣는 사람들은 마음도 칼로 깎은 듯 모난 경우가 많습니다. 그들은 자신이 세운 계획대로 완벽하게 일을 해내는 데 방해가 되는 사람들을 참기 힘들어합니다. 그래서 가차 없이 그들을 비판하며 몰아세웁니다. 어떻게든 자기 일을 완수하려는 열정은 나쁜 것이 아니지만, 사람에 대해서는 예의와 배려가 없는 것이지요.

덕스러운 인생을 산다는 것은 이 두 가지가 조화를 이루는 것입니다. 많은 사람과 관계를 맺으며 살아가다 보면, 일이 관계를 깨뜨리기도 하고 또 일이 사람들과의 관계를 좋게 만들기도 합니다.

지혜로운 사람에게는 일이라는 파도가 함께 인생길을 항해하는 사람들과 더 긴밀해지게 하는 수단이자 더욱 빠른 항해도 가능하게 하는 추진력입니다. 하지만 그렇지 못한 사람에게는 일이라는 파도가 인간관계를 망가뜨리고 인생의 항해를 꼬이게 하는 무시무시한 위협입니다.

정말 지혜로운 사람은 일을 통해서 사람을 얻고, 얻은 사람들을 통해 필요한 일들을 해나갑니다.

조선 시대의 거상 임상옥의 삶을 다룬 「상도」라는 드라마가 있었습니다. 이 드라마에는 '장사란 이윤을 남기는 것이 아니라 사람을 남기는 것'이라고 생각하는 상인 임상옥과 '돈을 벌기 위해서라면 수단과 방법을 가리지 않아야 한다.'고 생각하는 상인 박주명이 등장합니다.

전혀 다른 가치관으로 장사를 했던 두 사람은 결국 전혀 다른 결말에 도달합니다. 임상옥은 주위에 많은 사람과 더불어 엄청난 부까지 소유하게 되었으나, 박주명은 사람은 물론 돈까지 잃고 말았습니다. 비참한 최후를 맞이한 것이지요.

여러분은 어떤가요? 목적을 달성하기 위해서라면, 사람들에게 상처를 입히고 친구들과 악의적으로 경쟁해도 된다고 생각하지는 않는지요?

한 언론사의 조사에 따르면, 40% 이상의 청소년들이 10억 원이 생길 수만 있다면 친구를 배신할 수도 있고, 감옥에 갈 수도 있다고 답했다고 합니다. 통장에 10억 원이란 큰돈은 있지만 진실한 친구 하나 없는 쓸쓸한 인생이 과연 부러운 삶일까요? 그런 삶이 아름답게 보이는지요?

인생에서 정말 중요한 성과는 사람 그 자체입니다. 인생에서 사람의 마음을 얻는 것보다 남는 장사는 없습니다. 인생의 소중한 가치들은 모두 사람에게서 나오기 때문입니다.

일로써 자기 가치를 증명한 사람은 일이 끝나면 쓸쓸하게 버려지지만, 마음을 얻은 사람은 어느 상황에서도 절대 외면당하지 않습니다. 그러나 마음을 얻는 것은 그리 쉬운 일은 아닙니다. 덕이 있는 삶을 살아가며, 착한 행실로 사람들을 감동하게 해야 하기 때문입니다.

소수의 사람만이 칭찬하는 사람이 되지 말고, 모든 사람이 기꺼이하고 싶어 하는 사람이 되세요. 만나서 이야기 나누고 싶은 사람, 오래도록 같이 있고 싶은 사람이 되세요. 우리는 욱하는 혈기를 제어하고, 관대하고 부드러운 사람으로 살아가야 할 이유가 있는 사람들입니다.

다툼의 삶을 사는 이유, 이익의 충돌

다툼의 삶을 살게 되는 두 번째 이유는 이익의 충돌 때문입니다. 자신의 이익에 대한 집착이 큰 사람일수록 자주 다툽니다. 자신의 이익과 상대방의 이익이 충돌할 때, 조금도 양보하지 않기 때문이지요. 그러나 다툼으로 지금 당장 한 푼의 이익이라도 더 얻으려 하는 것은 더 큰 이익의 기회를 내던지는 어리석은 태도입니다.

한 회사에서 아프리카로 전략적인 수출을 하기 위해 먼저 직원들을 보냈습니다. 일이 매우 잘되고 있다는 보고를 받고, 고위직 간부가 아프리카로 갔습니다. 그런데 막상 가서 계약서를 살펴보니 자기 회사에만 일방적으로 유리한 조항들이 가득한 계약이었습니다. 아직 상대 나라는 경제 개발의 허와 실을 꿰뚫어 볼 수 있는 경험과 안목이 부족한 터라, 이익이 한쪽에만 몰리는 편파적인 계약을 맺게 된 것입니다.

간부는 이익이 엄청나게 돌아오는 환상적인 조건으로 계약을 체결한 직원들을 칭찬해 주고, 고국으로 돌아왔습니다. 그리고 엄청난 칭찬과 포상을 기대하며 의기양양한 표정으로 회장에게 계약서를 내밀었습니다. "이 계약 누가 했습니까?" 회장의 물음에 간부는 주저 없이 "네, 제가 아프리카까지 날아가 어렵게 성사시켰습니다." 하고 대답했습니다.

그러나 그에게 날아온 것은 회장의 호통뿐이었습니다. "이것도 계약이라고 했습니까? 다시 다녀와요!" 간부는 이해할 수 없어 되물었습니다. "이 이상 어떻게 더 좋은 조건으로 계약을 할 수 있다는 겁니까?" 그러자 회장은 뜻밖의 답변을 했습니다. "아프리카 시장이 얼마나 무궁무진한데, 그 넓은 땅에서 장사 한 번 하고 말 겁니까? 어서 가서 공정하게 다시 계약하고 돌아오도록 해요!"

이와 비슷한 이야기를 한 청년에게서도 들었습니다. 그는 사무기기를 파는 일을 하고 있었는데, 중고 사무기기와 교환 판매를 하기도 했습니다.

그런데 자신이 보상 판매로 교환해 줄 수 있는 금액은 정해져 있는데, 세상 물정을 잘 몰라 너무 좋은 사무기기를 팔려고 하는 사람들이 종종 있다고 합니다. 그러면 그 청년은 이렇게 조언해 준다고 합니다. "선생님! 이것은 너무 좋은 기계입니다. 저한테 헐값으로 파시면 나중에 후회하실 겁니다. 제가 나른 사람을 소개해 드릴 테니 그쪽에 파십시오. 그러면 훨씬 좋은 가격을 받으실 겁니다."

그러다 보니 믿고 소개해 주는 고객이 생겼고, 거래하는 사람들도 모두 친구가 되었다고 합니다. 덕분에 사업도 자리 잡았지요. 그는 자신이 지금껏 별다른 위기나 어려움 없이 사업을 해올 수 있었던 것이 그러한 배노 덕분이었다고 말했습니다.

다툼의 원인은 대부분 작은 이익에 너무 예민하기 때문입니다. '오늘은 내가 양보하자. 그러면 언젠가 그 메아리가 다시 돌아올 것이다.'라고 생각하면 다툼도 사라집니다.

물론 끝까지 양보의 메아리가 돌아오지 않을 수도 있습니다. 세상에는 개념 없는 사람도 있기 때문입니다. 그러나 그것이 무서워 만날 다투고 산다면 어떻게 될까요? 우리 역시 개념 없는 사람이 되지 않을까요?

다툼은 아무것도 해결해 주지 못합니다. 오히려 문제만 더 복잡하게 만들 뿐입니다.

진통제와 보약

조선 초기의 일입니다. 조정에서 제주 목사(조선 시대, 큰 고을에 두었던 지방 행정 단위 '목'의 으뜸 벼슬)로 관리를 파송하기만 하면, 세금을 강제로 거두어들이거나 뇌물을 받는 등 부정부패를 일삼아 문제를 일으켰습니다. 당시 제주목은 지금의 제주도로, 농사도 특별한 것이 없고 기름진 땅이 많지 않아 목민들의 삶이 척박하기 이를 데 없었습니다.

이때 비교적 청렴하다고 알려진 한 관리가 제주 목사로 파송되었습니다. 그는 전임자들과 달리 부임하자마자 가난한 목민을 찾아다니며 민원을 해결해 주었고, 억울하고 힘든 처지에 있는 사람들을 도와주었습니다. 부유한 사람들이 보내온 부임 선물조차도 거절했으며, 재임 기간 중 그 어떤 청탁도 받지 않았습니다.

그렇게 공정하게 그 지방을 다스리자 얼마 지나지 않아, 빈부귀천에 상관없이 모든 제주 목민의 존경과 신망을 한 몸에 받게 되었습니다.

그런데 이제 임기가 거의 끝날 때가 되었을 즈음, 갑자기 제주 목사는 두문불출하고 밖으로 나오지 않았습니다. 목민 모두가 걱정하기 시작했고, 제주 목사가 중병에 걸려 누웠다는 소문이 퍼졌습니다. 온몸에 악창이 났는데 거기에 특효약은 오직 우황을 온몸에 바르는 것이라는 담당 의원의 말도 함께 전파되었습니다.

제주 목사에게 덕을 입은 많은 목민은 그가 병상에 누운 것을 안타까워하며, 앞다투어 우황을 모았습니다.

제주는 예부터 우황으로 유명한 고장이었습니다. 우황은 소의 쓸개 속에 병으로 생긴 덩어리로 비싼 값에 거래되는 귀한 약재였습니다. 소를 기르던 많은 목민이 우황이 있어 보이는 소들을 잡기 시작했고, 도축장에 내다 팔기 전 잡은 소의 몸에서 우황을 뒤지기 시작했습니다. 그렇게 많은 우황이 모였고, 제주 목사에게 전달되었습니다.

얼마간의 시간이 지나고, 문병을 온 목민들은 드디어 제주 목사를 볼 수 있었습니다. 목민들 앞에 나온 목사는 온몸에 누런 우황을 바르고 있었습니다. 제주 목사는 힘겨운 목소리로 감사의 말을 전했습니다. "죽을 수밖에 없는 나를 위해 이렇게 귀한 우황을 보내 주어서 치료받게 해주니 정말 감사합니다."

얼마 후 제주 목사는 완전히 건강한 모습으로 목민들 앞에 나타났습니다. 그리고 며칠 후 그는 임기를 마치고 제주를 떠났습니다. 큰 부자가 되어서 말입니다. 사실 그는 중병에 걸린 것도 아니었고, 온몸에 발랐다고 하는 우황도 치자에 물들인 밀가루였다고 합니다.

우리는 이 이야기를 들으면서 결코 이 사람을 칭찬하지 않습니다. 왜 그럴까요? 그가 베푼 선정도 결국은 가난한 목민들을 속여 거액의 부를 챙기기 위한 탐심이기 때문입니다. 그러나 우리는 웃으면서 넘길 수 없는 삶의 지혜를 이 이야기 속에서 배우게 됩니다.

사람들은 인간관계를 진통제처럼 이용하려고 합니다. 평소에는 잘 보이지 않다가, 도움이 필요할 때만 나타나서 아쉬운 소리를 하는 것이지요. 우리는 이런 사람들을 보면서 이용당하고 있다는 느낌을 받습니다.

만약 아는 체도 잘 하지 않던 친구가 어느 날 갑자기 친하게 굴며 돈을 빌려 달라거나, 숙제해 온 것을 보여 달라고 한다면 어떨 것 같나요? 이용당하고 있다는 기분이 들어 그 친구의 부탁을 들어주고 싶은 마음이 생기지 않을 것입니다.

통증이 시작되면 겨우 복용해서 낫고, 낫고 나면 그 약을 어디에다 두었는지도 기억하지 못하는 진통제 같은 사람이고 싶은 사람은 아무도 없습니다. 우리는 사람을 수단으로 생각하여 사귀는 것이 나쁘다는 것을 선험적인 판단으로도 알고 경험적인 이해로도 압니다.

우리의 인간관계는 보약을 복용하는 것과 같아야 합니다. 가을에 먹은 보약은 겨울에 효과를 발휘하기 시작하고, 봄까지 기력을 유지하게 해줍니다. 오늘 보약을 복용했다고 해서 내일 아침에 힘이 나는 것은 아닙니다.

인간관계의 기술에는 진통제 같은 기술이 있는가 하면, 보약 같은 기술도 있습니다. 아쉬울 때면 찾아와 아양을 떨고, 발등에 떨어진 불을 끄고 나면 연락도 끊어 버리는 것이 진통제 같은 기술입니다. 반면 지금은 헛된 수고를 들이는 것 같아도, 나중에 효과를 보게 되는 보약 같은 기술도 있습니다.

사람들에게 좋은 인상을 남기기 위해서는 당장의 희생을 감수해야 합니다. 하지만 지금은 손해를 보는 것 같아도, 나중에는 깨닫게 됩니다. 그때 남긴 좋은 인상으로 인해, 두고두고 더 큰 유익을 얻게 된다는 것을 말이지요.

양보하라

하나님이 우리에게 기대하시는 삶의 태도는 쉽게 분을 내지 않고, 진리 이외의 것들에 대해서는 아낌없이 양보하는 것입니다.

살다 보면 까다로운 사람도 만나고, 이해하기 힘든 사람도 만납니다. 그러나 우리 모두 하나님께 그렇게 까다롭고 이해하기 힘든 사람이었습니다. 하나님은 그런 우리를 인내해 주셨고, 포용해 주셨습니다.

　상대가 어떤 사람인지 따지지 말고, 하나님을 바라보세요. 그러면 혈기의 문제든, 이익의 문제든 다 극복할 수 있습니다.

　하나님은 우리가 오늘은 내가 양보를 해서 저 사람에게로 흘러가고, 내일은 저 사람이 양보를 해서 나에게 흘러들어오게 하며 살아가기 원하십니다.

　여러분은 양보하는 일이 쉬운가요, 어려운가요? 양보할 수 있는 기회가 왔을 때, 기꺼이 양보하세요. 양보는 하나님의 사랑을 소유한 사람의 아름다운 의무입니다.

생·각·해·봅·시·다

1. 울컥하고 치밀어 오르는 혈기를 참지 못해 다른 사람과 다툰 적이 있나요? 혈기를 참을 수 있는 방법이 무엇일지 생각해 보세요.

2. 작은 이익에 너무 집착하면 다투게 됩니다. 어떤 마음 자세를 가져야 다툼이 사라질까요?

3. 진통제 같은 인간관계의 기술과 보약 같은 인간관계의 기술이 무엇인지 이야기해 보세요.

5장.

약점을 들추지 말라

허물을 덮어 주는 자는 사랑을 구하는 자요
그것을 거듭 말하는 자는 친한 벗을 이간하는 자니라

잠 17:9

역린지화(逆鱗之禍)라는 말이 있습니다. 이것은 '용이란 동물은 본성이 착해 잘 길들이기만 하면 탈 수도 있다. 그러나 턱 밑에 거꾸로 난 비늘, 즉 역린(逆 거스릴 역, 鱗 비늘 린)을 건드리면 용이 반드시 그 사람을 죽여 버린다.'라는 내용의 고사에서 유래된 말입니다.

중국의 춘추 전국 시대, 한비(韓非)라는 유세객이 있었습니다. 유세객이란 전국을 떠돌아다니며 군주를 만나 자신의 정치적 비전을 소개하고, 그 뜻을 펼칠 자리를 얻고자 하는 사람입니다. 그런데 군주를 설득하기란 정말 어려운 일이어서, 때때로 군주의 심기를 잘못 건드리면 원하던 벼슬은커녕 목숨까지 내어놓는 경우가 생겼습니다.

그래서 한비는 자신의 저서 『세난』(說難)에 이르기를 용에게 건드려서는 안 될 비늘이 있듯이 군주에게도 건드려서는 안 될 '역린'이 있다고 경고했습니다.

군주만이 아니라, 사람이라면 누구나 역린을 가지고 있습니다. 누구나 무엇인가 열등감을 갖고 살아가는 것이지요. 어떤 사람에게는 좋지 않은 학벌이, 어떤 사람에게는 뛰어나지 않은 외모가, 어떤 사람에게는 어려운 집안 형편이 역린입니다.

여러분의 역린은 무엇인지요?

역린과 순린

역린은 타고난 것일 수도 있고, 살아가다 생긴 것일 수도 있습니다.

중고등학교 시절, 내가 다니던 학교에 아이스하키팀이 있었습니다. 봄이 되면 동대문에 있는 스케이트장에 전교생이 다 가서 목이 터져라 응원을 했지요. 하얀 유니폼에 긴 스틱을 들고 스케이트를 타는 선수들의 모습이 얼마나 멋있던지, 몇 번이고 스케이트를 배우려고 애썼습니다.

 그런데 내가 그리 운동 신경이 없는 편이 아닌데, 유독 스케이트만은 잘 익혀지지 않았습니다. 스케이트를 두 개 이상 샀는데, 모두 날이 아니라 신발의 옆 부분이 닳아서 못 신고 버렸습니다. 스케이트를 타면 제대로 서지를 못하고 발이 자꾸 옆으로 쓰러져서 그랬던 것이지요.

 몇 년을 스케이트와 씨름하다 결국 포기했습니다. 그래서인지 '스케이트'라는 말만 들어도 속이 울렁거렸습니다. 그때 만약 누가 내게 스케이트를 못 탄다고 놀렸다면, 분이 치밀어 싸웠을 것입니다. 아무리 노력해도 안 되자, 그것이 내게 역린이 되고 만 것이지요.

 정도의 차이가 있을 뿐, 누구나 역린을 가지고 있습니다. 인간관계가 깊어지다 보면, 상대방의 역린이 무엇인지 짐작하게 됩니다. 키가 작은 것, 몸이 뚱뚱한 것, 노래를 못하는 것, 가정이 화목하지 못한 것, 성적이 좋지 않은 것 등 모든 것이 누군가의 역린이 될 수 있습니다.

 그런데 사람에게는 역린뿐 아니라 '순린'도 있습니다. 은근히 다른 사람들이 건드려 주기 원하는 부분도 있는 것입니다. 예를 들어, 평소 외모에 자신이 있으면 다른 사람들이 "그 정도 외모면 연예인 해도 되겠는걸요?"라고 말해 주길 바랄 수 있습니다. 공부를 잘해서 성적이 좋으면 선생님이 반 친구 모두가 보는 앞에서 칭찬해 주길 바랄 수도 있습니다. 여러분에게도 이러한 순린이 있지 않나요?

그러나 사람들은 이상하게도 순린보다는 역린을 건드리고 싶어 합니다. 부정적인 것에 더 예민한 것이 사람의 심리이기 때문입니다.

어떤 조사에 따르면, 맛있는 음식점에 대한 정보는 6개월 동안 6명에게 전달되지만, 맛없는 음식점에 대한 정보는 같은 기간에 26명에게 전달된다고 합니다. 좋은 인상보다는 나쁜 인상이 사람들의 입에 더 자주 오르내리는 것입니다.

사람들은 다른 사람에 관해 이야기할 때도 칭찬보다는 악섬을 말하기 좋아합니다. 특별히 누군가의 역린을 화제에 올리며 쾌감을 느끼고 그런 이야기를 재미있어합니다. 예를 들어, 친구들끼리 모임이 있는데 요즘 부쩍 살이 찐 친구가 있으면 누군가는 이런 식으로 말합니다. "어휴, 동물원에서 너보고 빨리 오래. 하마가 친구가 없어서 외롭대." 체육 시간에 달리기를 너무 못하는 친구가 있으면 이런 식으로 말합니다. "너 그렇게 달려서 오늘 안에 운동장 다 돌 수 있겠니?"

여러분도 이렇게 친구의 약점을 함부로 말한 적은 없는지요? 그때 친구의 기분이 어땠을 것 같나요?

자신은 농담이라고 생각하고 아무렇게나 던진 말이지만, 듣는 사람에게는 비수가 되어 가슴 깊이 박힐 수 있습니다. 상대방이 겉으로 태연하게 웃어넘긴다고 해서, '이 정도 말은 해도 괜찮구나.'라고 생각해서는 절대 안 됩니다.

사람들에게 점수를 따는 데는 많은 시간과 노력이 필요하지만, 잃은 것은 한순간입니다. 그래서 인간관계에서는 점수를 따는 것보다 점수를 잃지 않는 것이 더 중요합니다.

인간관계가 좋은 사람들, 어디를 가든 호감을 사는 사람들의 이야기에는 공통점이 있습니다. 바로 상대방에 대해서는 장점을 많이 이야기하고, 자기에 관해서는 약점을 주로 이야기한다는 것입니다.

마음의 기울기

사람이 다른 사람을 판단할 때 두 가지 잣대가 작용합니다. 바로 지성의 작용인 '인식'과 정서의 작용인 '마음의 기울기'입니다. 마음의 기울기란 마음이 좋아하는 감정으로 치우치는가, 싫어하는 감정으로 치우치는가를 의미하는데, 객관적으로 인식된 정보는 마음의 기울기에 따라 주관적으로 해석됩니다.

예를 들어, 말이 많은 사람을 만났는데, 마음의 기울기가 그런 성격을 좋아하는 쪽에 있으면 그를 발랄하다고 평가하고, 싫어하는 쪽에 있으면 수다스럽고 가벼운 것 같다고 평가합니다. 무엇이든 일을 저지르고 보는 사람이 있다면, 마음의 기울기에 따라 그를 도전 정신이 있고 능동적인 사람으로 해석할 수도 있고, 신중하지 못한 사람으로 해석할 수도 있습니다. 똑같은 정보라도, 마음의 기울기에 따라 판단이 달라지는 것이지요.

여기서 우리는 중요한 교훈 한 가지를 얻게 됩니다. 인간관계에 있어서 '내가 누구인가?' 하는 문제보다 더 중요한 것이 '저 사람이 나를 좋아하는가, 싫어하는가?'라는 것입니다. 그러므로 좋은 인상을 남기려고 애쓰는 것에 몇 배로 나쁜 인상을 심어 주지 않으려고 노력해야 합니다. 나쁜 인상은 바로 싫어하는 감정을 불러오기 때문입니다.

그런데 사람들에게 나쁜 인상을 심어 주지 않으려면 역린을 건드리지 않도록 반드시 주의해야 합니다. 이 말은 곧 호감을 사려면 역린을 감싸 주면 된다는 의미도 됩니다. 자신의 역린을 선드리는 사람에게 호감을 느끼는 사람은 없듯, 자신의 역린을 감싸 주고 옹호해 주는 사람을 싫어하거나 밀쳐 내는 사람도 없습니다.

역린을 건드리지 않기 위해서는 무엇보다 말조심을 해야 합니다. 그런데 아픈 곳을 찌르는 말을 유난히 잘하는 사람이 있습니다. 물론 때로는 그런 말들이 마음을 후련하게 하기도 하고 묘한 짜릿함과 쾌감을 주기도 합니다. 그러나 여러분이 그의 공격 대상이 되면 기분이 어떨 것 같나요? 그때도 그 사람의 말이 농담으로 여겨질까요?

말 한마디의 위력을 얕봐서는 안 됩니다. 말 한마디가 사람을 살리기도 하고 죽이기도 합니다. 말 한마디로 한 사람을 완전히 사로잡을 수도 있고, 영영 잃어버릴 수도 있는 것입니다.

허물을 덮어 주는 사람

누군가에게 역린이라 할 수 있는 어떤 콤플렉스가 있다고 할 때, 그것이 우리에게 피해를 주는 경우는 거의 없습니다. 또한, 그것을 건드린다고 우리에게 특별한 이익이 돌아오는 것도 아닙니다.

그런데도 다른 사람의 콤플렉스를 건드리지 못해 안달하는 사람이 있습니다. 이것은 개인의 성격이나 취향의 문제가 아니라, '나쁜 짓'입니다. 상대방에게만 나쁜 게 아니라, 자기 자신에게 더 나쁜 행동인 것입니다.

작은 키가 콤플렉스인 동생을 난쟁이 같다며 놀린 적은 없나요? 노래 못하는 친구에게 억지로 노래시키고, 깔깔대고 웃어 본 적은 없나요? 얼굴에 큰 흉터가 있는 사람을 보며 수근거리지는 않았는지요?

별것 아닌 것 같은 이러한 행동이 사람들과의 관계를 파괴하는 '악'임을 명심해야 합니다. 다른 사람의 약점을 놀림거리나 웃음거리로 삼아서는 안 됩니다. 특히 예수님의 사랑을 안 사람들은 결코 그래서는 안 됩니다. 이것은 삶의 지혜일 뿐 아니라 예수님의 사랑을 입은 사람의 의무입니다.

물론 때로 적절한 지적과 충고가 필요하기도 합니다. 그러나 상대가 아무에게도 말하지 않고 꽁꽁 싸매 두려 하는 약점을 억지로 들추어내는 것은 옳지 못합니다. 이것은 결코 좋은 결과를 가져오지 않습니다. 스스로 감추려고 애쓴다는 것은, 스스로 그것을 문제로 인식하고 있다는 것입니다. 굳이 들추지 않아도 본인이 너무 잘 알고 있는 것입니다.

그러므로 무엇인가 다른 사람의 약점이 보인다면, 그것을 감싸 주고 감추어 주세요. 당장은 누군가를 골려 주는 재미를 놓치겠지만, 그 대신 여러분은 그 사람의 마음을 얻게 될 것입니다. 사람의 마음을 얻는다는 것은 내 삶에 든든한 응원군이 생긴 것이나 다름없습니다.

언젠가 어느 큰 기업의 인사 담당자와 이야기를 나누게 되었는데, 그가 이런 말을 했습니다. "목사님, 기업의 목표가 이윤을 내는 것이기는 하지만 실제로 큰 기업의 임원들도 보면, 좋은 성과를 내는 사람보다 같이 있으면 좋은 사람과 더 함께 일하려고 합니다."

여러분은 어떤가요? 여러분이 어떤 회사를 경영하고 있다고 가정합시다. 능력이 뛰어나기는 한데 여러분의 약점을 자꾸 건드려서 불편하게 만드는 사람과 능력은 조금 떨어지지만 여러분을 너무 좋아하고 존경하는 사람이 있습니다. 이 둘 중에 한 사람만 택하라면 누구를 고르겠나요?

예수님은 어떻게 하셨을까?

성경 속에서 죄인들을 만나시고 그들을 용서하시는 예수님의 모습은 우리에게 커다란 감화를 줍니다. 예수님은 죄인들을 외면하지 않으셨습니다. 오히려 그들을 부르셨습니다. 세리와 창기와 또 그 이외의 많은 죄인을 만나시고 그들을 회개하게 하셨습니다.

그러나 예수님은 자기에게 나아오는 이 죄인들의 지나간 죄를 지적하심으로 그들을 불러 구원하신 것이 아니라 그들과 함께 먹고 마심으로써 회개하게 하셨습니다.

"예수께서 마태의 집에서 앉아 음식을 잡수실 때에 많은 세리와 죄인들이 와서 예수와 그의 제자들과 함께 앉았더니 바리새인들이 보고 그의 제자들에게 이르되 어찌하여 너희 선생은 세리와 죄인들과 함께 잡수시느냐 예수께서 들으시고 이르시되 건강한 자에게는 의사가 쓸 데 없고 병든 자에게라야 쓸 데 있느니라 너희는 가서 내가 긍휼을 원하고 제사를 원하지 아니하노라 하신 뜻이 무엇인지 배우라 나는 의인을 부르러 온 것이 아니요 죄인을 부르러 왔노라 하시니라"(마 9:10-13).

"예수께서 여리고로 들어가 지나가시더라 삭개오라 이름하는 자가 있으니 세리장이요 또한 부자라 그가 예수께서 어떠한 사람인가 하여 보고자 하되 키가 작고 사람이 많아 할 수 없어 앞으로 달려가서 보기 위하여 돌무화과나무에 올라가니 이는 예수께서 그리로 지나가시게 됨이러라 예수께서 그곳에 이르사 쳐다보시고 이르시되 삭개오야 속히 내려오라 내가 오늘 네 집에 유하여야 하겠다 하시니 급히 내려와 즐거워하며 영접하거늘 뭇 사람이 보고 수군거려 이르되 저가 죄인의 집에 유하러 들어갔도다 하더라 삭개오가 서서 주께 여짜오되 주여 보시옵소서 내 소유의 절반을 가난한 자들에게 주겠사오며 만일 누구의 것을 속여 빼앗은 일이 있으면 네 갑절이나 갚겠나이다 예수께서 이르시되 오늘 구원이 이 집에 이르렀으니 이 사람도 아브라함의 자손임이로다 인자가 온 것은 잃어버린 자를 찾아 구원하려 함이니라"(눅 19:1-10).

그러나 사마리아 여인의 경우에는 특별합니다. 예수님은 5번이나 결혼을 하고도 지금도 남편이 아닌 사람과 함께 살아가고 있었던 여인의 역린을 건드리셨습니다. "가서 네 남편을 불러오라"(요 4:16), "너에게 남편 다섯이 있었고 지금 있는 자도 네 남편이 아니니 네 말이 참되도다"(요 4:18). 이것은 바로 사마리아 여인이 낮에 물을 길러 올 수밖에 없었던, 다른 사람들에 의해 건드려지기를 거부하던 역린이었습니다.

그러나 우리가 다른 사람의 역린을 건드리는 것과 예수님이 그렇게 하시는 것은 달랐습니다. 우리는 다른 사람들의 약점을 공개하고 화제로 삼는 것에서 만족을 느끼려고 합니다. 하지만 예수님은 그 역린을 건드림으로 그에게 더 좋은 것을 주고자 하십니다.

사마리아 여인을 생각해 보세요. 자신의 마음을 꼭 닫고 살아가던 이 여인의 역린을 건드리지 아니하셨다면, 그녀는 결코 자신의 잘못을 뉘우치지 않았을 것입니다. 이것이 바로 예수님이 역린을 건드리셨던 이유였습니다.

　오히려 예수님은 더 많은 경우에 허물을 덮는 사랑으로 그들을 품으시고, 예수님의 거룩한 인격과 정직한 가르침을 통해 사람들이 자신들의 죄를 깨닫도록 하셨습니다. 바리새인과 서기관들은 자신들도 지키지 않는 율법을 냉혹하게 가르침으로 백성의 마음에서 멀어졌습니다. 하지만 예수님은 그들과 달리, 죄인들과 함께 먹고 마심으로써 친구가 되어 주셔서 율법보다 더 큰 하나님의 사랑을 깨닫게 하시고 율법의 정신으로 돌아가 살도록 하신 것입니다.

사랑으로 다른 사람의 약점을 덮으라

　다른 사람을 험담하는 일은 분명 옳지 않은 행동입니다. 잠언 17장 9절 말씀을 살펴봅시다.

> 허물을 덮어 주는 자는 사랑을 구하는 자요 그것을 거듭 말하는 자는 친한 벗을 이간하는 자니라.

　남의 말을 쉽게 하는 것도 어떻게 보면 버릇입니다. 여러분은 어떤가요? 아무렇지 않게 남을 자주 험담하고 있지는 않나요? 버릇이 지속하면 인격이 됩니다. 남의 허물을 되풀이하여 말하면서 이간하는 버릇이 여러분의 인격적인 특성으로 굳어지지 않도록 남의 말을 아예 입에 담지 마세요.

성경은 말합니다. "무엇보다도 뜨겁게 서로 사랑할지니 사랑은 허다한 죄를 덮느니라"(벧전 4:8). 사랑받고 싶은 만큼, 용납받고 싶은 만큼 다른 사람을 사랑하고 그의 죄를 덮어 주어야 합니다. 자신도 감추고 싶은 콤플렉스가 있듯이 다른 사람들도 그렇다는 상식적인 사실을 늘 기억해야 합니다.

남의 약점을 화젯거리로 삼아 깔깔대는 것은 사랑이 없기 때문입니다. 혹시라도 이런 식으로 역린을 건드려 상처 준 사람이 있지는 않나요? 그렇다면 지금이라도 당장 사과해야 합니다. "당신은 평생 그것을 끌어안고 아파하는데, 나는 장난삼아 그것을 건드리며 즐거워했습니다. 미안해요. 나를 용서해 주세요." 하고 말입니다.

내가 생각하기에는 대수롭지 않은 문제라도, 상대에게는 치명적인 문제일 수 있습니다. 큰 아픔일 수 있습니다. 그러므로 나의 선입견과 주관으로 판단하지 말고, 상대의 마음을 헤아려 처신해야 합니다.

이 세상은 아프고 연약한 사람들이 사는 곳입니다. 누군가의 약점이 눈에 보이는지요? 그 사람이 들키지 않으려 애쓰면 애쓸수록 그의 약점이 더 분명하게 드러나 자꾸 건드리고 싶어지는지요?

안 됩니다. 오히려 사랑으로 그것을 덮어 주어야 합니다. 다른 사람들에게 드러나지 않도록 감싸 주어야 합니다. 예수님이 그 자리에 계셨다면, 분명 그렇게 하셨을 것입니다. 사랑으로 감싸, 그의 약점을 고치고, 그를 새롭게 하셨을 것입니다. 우리에게 다가오실 때 그렇게 하셨던 것처럼 말이지요.

생·각·해·봅·시·다

1. 나는 다른 사람에 관해 이야기할 때 장점을 주로 이야기하나요, 단점을 주로 이야기하나요?

2. 누군가가 나의 약점을 함부로 말한 적이 있나요? 그때 어떻게 반응했나요?

3. 다른 사람의 약점이 눈에 보인다면, 우리는 어떻게 해야 할까요?

6장.

용서하라

서로 친절하게 하며 불쌍히 여기며 서로 용서하기를
하나님이 그리스도 안에서 너희를 용서하심과 같이 하라
엡 4:32

　영국의 유명한 장군 웰링턴(Arthur Wellesley, 1st Duke of Wellington) 제독에게 상습적으로 탈영을 감행하는 부하가 있었습니다. 교육도 해보았고, 채찍을 들어 때려도 보았고, 무서운 벌을 주어도 보았으나 그는 달라지지 않았습니다. 결국 웰링턴 제독은 군대 전체의 기강을 위해 그를 사형시키기로 했습니다.

　그런데 그때 그의 부관 한 사람이 말했습니다. "각하! 각하께서는 아직 그 병사에게 한 가지 시도는 해보지 않으셨습니다. 각하는 그를 용서해 보신 적이 없습니다."

　웰링턴 제독은 부관의 충고대로 그 병사를 아무 조건 없이 용서해 주었습니다. 이후 그 병사는 다시는 탈영을 하지 않았을 뿐 아니라 웰링턴의 충성스러운 부하가 되었습니다. 용서가 가져온 놀라운 기적이었지요.

　용서는 사람을 얻는 최고의 방법입니다.

영혼의 아름다운 나눔, 용서

영국의 시인 겸 평론가인 새뮤얼 존슨(Samuel Johnson)은 용서에 관해 이런 말을 했습니다.

현명한 사람이라면 용서를 서두를 것이다. 시간의 가치를 아는 사람으로서, 불필요한 고통으로 그 시간을 괴롭게 보내고 싶지는 않을 테니까 말이다.

여러분은 어떤가요? 용서하지 못해 불편한 마음으로 시간을 괴롭게 보내고 있지는 않은지요?

우리는 우리 자신이 잘못을 저질렀을 때는 벌을 받는 대신 너그럽게 용서받기를 원합니다. 다른 사람이 나에게 잘못을 저질렀을 때는 쉽게 용서하지 못하면서 말입니다.

사람은 누구나 허물이 있습니다. 사람이라면 누구나 실수와 잘못을 저지를 수 있는 것이지요. 그러므로 용서는 누구에게나 필요합니다. 우리는 모두 용서를 베풀기도 하고, 용서를 받기도 하며 살아가야 하는 것입니다. 용서가 있기에 우리의 모든 인간관계가 유지되는 것이지요.

인생을 살다 보면, 다른 사람의 도움이 절실하게 필요한 때가 있습니다. 그리고 그때 받은 도움은 평상시에 받은 도움보다 특별히 더 고맙고 오래도록 기억에 남는 법입니다. 그런데 구제가 육체의 자선이라면, 용서는 영혼의 자선입니다. 우리의 영혼이 다른 영혼을 위해 베푸는 아름다운 나눔이 용서인 것이지요.

육체에 베풀어진 자선도 평생 잊을 수 없는데, 하물며 나의 엄청난 잘못을 용서해 줌으로써 나의 영혼을 가책과 고통으로부터 자유롭게 해준 사람을 어떻게 잊을 수 있을까요?

그러므로 누군가 우리에게 잘못했을 때, 분노하며 그의 잘못을 비난하는 것은 지금의 화만 달랠 뿐입니다. 그를 진심으로 용서해 주면 그는 영원히 우리 편이 되어 줄 것입니다. 마음 씀씀이가 좁은 사람은 다른 사람의 잘못으로 일을 그르쳤을 때, 그 일을 망친 사람을 내치지만, 마음이 넓은 사람은 그 사람을 용서해 줌으로써 사람 하나를 얻어 냅니다.

용서, 삶의 도리

그런데 문제는 용서가 쉽지 않다는 데 있습니다. 용서는 인간관계의 최상의 기술이며, 사람을 얻는 놀라운 지혜이지만 뼈를 깎는 아픔이 따릅니다. 나에게 고통을 주고, 사무치는 원한을 남겨 준 사람과 다시 손을 잡는 일이 어찌 아프지 않을까요? 그래서 많은 사람이 용서를 실천하지 못합니다.

그러나 용서는 선택의 문제가 아니라 의무입니다. 예수님은 죄를 지은 형제를 몇 번까지 용서해 주어야 하는지 묻는 베드로에게 이렇게 말씀하셨습니다. "일곱 번뿐 아니라 일곱 번을 일흔 번까지라도 할지니라"(마 18:22).

여기까지만 보면, 정말 부당한 명령 같습니다. 용서가 필요하다는 것은 상대방이 나에게 명백한 잘못을 저질렀다는 이야기인데, 그것을 한두 번두 아니고 끝없이 용서하라니요. 정말 밀도 안 되고 실천조차도 하기 어려운 일이라고 생각되지 않나요?

왜 우리가 부당한 대우를 참아 내야 하나요? 아니 참아 낼 뿐 아니라, 부당하게 수모를 주는 사람을 왜 사랑으로 감싸 주어야 하나요? 그것도 '끝없이' 말입니다.

끝없이 용서해 주면 주변 사람들이 나를 자존심도 없고 화낼 줄도 모르는 겁 많은 사람으로 생각할 수 있습니다. 어디 그뿐일까요? 나에게 잘못을 저지른 사람마저도 나를 만만하게 보며 나를 함부로 대할 수도 있습니다. 그러니 예수님의 말씀은 더욱 부당하게 여겨집니다.

예수님이 우리에게 용서를 베풀라고 하시는 이유는, 바로 우리가 하나님의 용서를 받은 존재이기 때문입니다. 죄뿐이던 우리를, 하나님은 불쌍히 여겨 주셨고 용서해 주셨습니다. 사랑하는 예수님을 십자가에 달려 죽게까지 하시면서 말입니다.

우리가 받은 용서에 비하면, 우리가 베풀어야 할 용서는 너무나 사소합니다. 용서가 어려운 것은 우리의 시선이 우리의 상처와 그 상처를 남긴 사람만을 주목하고 있기 때문입니다. 우리의 시선이 우리를 용서해 주신 하나님을 주목하고 있다면, 우리의 마음에 우리가 받은 사랑을 간직하고 있다면, 일곱 번이 아니라 일흔 번씩 일곱 번이라도 용서할 수 있습니다.

하나님의 용서를 누리고 있는 사람이라도, 용서는 힘이 듭니다. 그러나 용서하지 않고 미움을 간직하고 사는 것이 더 아프고 힘겨운 일입니다.

용서로 맺어지는 돈독한 결합

용서는 허물을 그냥 눈감아 주는 것이 아니라 그 허물에도 불구하고 그 사람과의 관계를 포기하지 않는 것입니다. 이것이 하나님이 우리에게 베푸신 용서이며, 지금도 변함없이 베풀어지고 있는 용서의 정체입니다.

그러므로 우리가 베풀어야 할 용서도 관계의 회복으로 발전해야 합니다. 복수의 포기에서 멈추는 것은 진정한 의미의 용서가 아닙니다. 용서가 사람을 얻는 지혜인 것은 그것이 깨어질 관계를 다시 회복시키는 태도이기 때문입니다.

관계가 깨질 수밖에 없는 위기에서 그를 용서하고 관계를 계속 이어 나가 보세요. 오히려 그 위기를 이겨 냈기 때문에 관계가 더욱 견고해집니다. 용서를 주고받으며, 두 사람 사이에 단단한 정신적인 결합이 이루어지는 것이지요.

돌아가신 나의 아버지는 비만 오면 다리 통증으로 고생을 하셨습니다. 6.25 때 다리에 총알이 박혀, 뼈를 다치셨기 때문이었습니다. 다행히 다리를 자르지 않고 수술로 으스러진 뼈를 연결할 수 있었다고 합니다.

어릴 적, 아버지는 나에게 그때의 일을 실감 나게 들려주시곤 했는데, 그 이야기를 들을 때마다 나는 아버지의 다리가 다시 부러지면 어쩌나 걱정을 했습니다. 그래서 한번은 "아버지, 뛰거나 넘어지면, 그때 부러진 곳이 다시 부러지지 않나요?"라고 물었습니다.

그랬더니 아버지는 긴말 대신 내 손을 아버지의 다리에 가져다 대셨습니다. 그런데 천천히 아버지의 다리를 만져 내려갔더니 뼈가 가지런히 내려오다가 유독 부러진 부분에서 더욱 두터워져 있는 것을 느낄 수 있었습니다. 치유 과정을 거치며 골절된 부분에서 뼈를 구성하는 물질이 더욱 많이 생성되어 오히려 다른 뼈보다 튼튼해진 것이지요.

어린 마음에도 '부러져도 다른 데가 부러지지, 한번 부러졌던 그 자리는 절대로 안 부러지겠구나.' 하고 안심했던 기억이 납니다.

우리의 인간관계도 마찬가지입니다. 서로에 대한 오해나 미움 등으로 도저히 관계를 지속할 수 없는 위기가 찾아왔을 때, 관계를 깨지 않고 지혜롭게 극복하고 나면, 오히려 그 위기가 관계를 더욱 돈독하게 만들어 줍니다.

용서는 받는 사람의 입장에서 볼 때, 평생 잊을 수 없는 영적인 자선입니다. 너무나 큰 잘못을 저지르고 이러지도 저러지도 못하고 있는데, 나로 인해 피해를 입은 사람이 나를 따뜻하게 감싸 줍니다. 당연히 화를 내고 분풀이를 하려 할 것이라 생각했는데, 아무 조건 없이 나에게 용서를 베풉니다. 그 사람을 어떻게 잊을 수 있을까요? 평생 그를 고마운 사람으로 여길 것입니다.

그러므로 용서는 일평생 내 옆에 머물며, 무제한 나를 위해 헌신해 줄 소중한 친구를 얻는 비결입니다. 당장은 밉고 서운한 마음에 '그런 사람은 아예 옆에 없는 게 더 나아. 그런 사람과 평생 친구가 되느니 차라리 외롭게 살겠어.' 하는 마음이 들지 모릅니다. 하지만 시간이 지나면 사람만큼 귀한 재산이 없음을 알게 될 것입니다. 인생을 살며 사람을 얻는 것만큼 소중한 가치는 없습니다.

용서가 일구어 낸 기적

엘리자베스 퀴블러 로스(Elizabeth Kübler-Ross)와 데이비드 케슬러(David Kessler)는 『인생 수업』이라는 저서에서 용서를 이렇게 정의합니다.

> 용서는 다시 한 번 진정한 자신이 될 수 있는 자유를 줍니다. 그리하여 모두가 관계를 새롭게 시작할 기회를 얻습니다. 그 기회는 용서만이 부릴 수 있는 마술입니다.

그렇습니다. 용서는 마술입니다. 참된 용서는 녹을 것 같지 않던 마음을 녹이고, 달라지지 않을 것 같던 사람을 변화시킵니다.

우리는 짐 엘리엇(Jim Elliot) 선교사 부부의 삶을 통해 용서가 어떻게 철옹성 같던 마음의 벽을 허무는지 생생하게 봅니다.

선교에 생애를 바치기로 결심한 짐 엘리엇은 살인 부족으로 유명한 아우카(Auca)족에게 복음을 전하기 위해 에콰도르로 갑니다. 4년여간 현지에서 언어와 풍습을 익히며 함께 선교할 친구들을 모은 그는 드디어 1956년 1월, 아우카 부족과의 직접 접촉을 시도합니다. 몇 달 전부터 비행기를 이용하여 선물 꾸러미를 투하하며 치밀하게 준비한 만남이었습니다.

그러나 백인에 대해 적대감을 가지고 있던 아우카 부족은 독침과 창으로 짐을 포함한 5명의 젊은 선교사들을 모두 죽입니다.

그때 짐 엘리엇의 나이는 겨우 28세였습니다.

그런데 1958년 가을, 죽음을 각오하고 용감하게 어린 딸과 함께 아우카 부족이 사는 마을로 들어간 여인이 있었습니다. 바로 짐 엘리엇의 아내인 엘리자베스 엘리엇(Elizabeth Elliot)이었습니다. 그녀는 3년 동안 아우카 부족과 함께 생활하면서 그들을 위해 헌신합니다.

그리고 3년 후, 귀국을 앞둔 그녀를 위해 아우카족의 추장은 파티를 열어 줍니다. 그 자리에서 엘리자베스는 자신이 누구인지 밝힙니다. "5년 전에 당신들이 죽인 남자가 제 남편입니다. 남편이 전하고자 한 하나님의 사랑 때문에 저도 여기까지 왔습니다."

그녀의 고백을 들은 아우카 부족은 모두 예수님을 믿게 됩니다. 그리고 10여 년 후, 5명의 선교사들 가슴에 창과 화살을 꽂았던 '키모'(kimo)라는 아우카족 젊은이는 아우카족 최초의 목사가 되었고, 순교한 선교사들의 자녀 중 2명이 그들의 아버지가 순교의 피를 흘린 팜 비치 강가에서 키모 목사에게 세례를 받게 됩니다.

이 모든 일은 남편을 잔인하게 살해한 아우카족을 사랑으로 껴안은 엘리자베스의 용서가 일구어 낸 기적이었습니다.

짐 엘리엇은 말했습니다. "영원한 것을 위하여 영원하지 않은 것을 버리는 사람은 결코 바보가 아니다."

우리의 인생은 영원한 것을 바라보며 살기에도 짧습니다. 용서하지 않음으로 인해 낭비할 시간이 없는 것이지요.

사랑과 용서라는 영원토록 가치 있는 일을 위해 이기적인 마음과 옹졸한 생각을 과감히 버려야 합니다. 그것이 영원한 것을 바라보는 사람의 삶의 태도입니다.

값없이 용서를 베풀라

내가 무엇인가 잘못을 저질러서 모든 사람이 그것을 지적하려 할 때, 나를 너그럽게 감싸 주었던 사람이 있다고 합시다. 그 사람이 위기를 만났을 때, 나의 안위만을 생각하며 모른 척할 수 있을까요? 그 사람을 배신할 수 있을까요? 보상을 기대해서가 아니라, 마음이 그렇게 움직이기에 그의 편에 설 수밖에 없을 것입니다.

혹시라도 나를 도와주는 사람이 아무도 없는 것 같다고 생각된다면, 평소 나의 태도가 어떤지 돌아보세요. 작은 일에도 관대하지 못하여 사람들과의 관계가 멀어진 것은 아닌지 생각해 보세요. 우리가 좀 더 너그러웠다면, 지금보다 훨씬 더 많은 사람과 함께하고 있지 않았을까요?

지금이라도 한번 시작해 보세요. 누군가 여러분에게 뭔가 실수하고 잘못해서 미안해할 때, 대범하게 그를 용서하고 관용을 베풀어 보세요. 그러면 아마 오랫동안 그는 여러분을 기억할 것입니다. 설령 여러분은 그를 잊어도, 그는 여러분을 잊지 못하고 여러분을 그리워할 것입니다.

　물론 어떤 경우에는 어렵게 용서를 해주었으나, 그 가치를 몰라주는 사람도 만날 것입니다. 그러나 그러면 어떤가요? 그렇게 값없이 용서를 베풀며 누구나 기대 쉴 수 있는 큰 나무처럼 살아간다면, 그것만으로도 충분하지 않을까요?

생·각·해·봅·시·다

1. 우리는 왜 용서를 베풀어야 할까요?

2. 다른 사람에게 잘못을 저지르고 용서받은 적이 있다면 이야기해 보세요.

3. 용서하지 못하고 미움을 간직하고 있는 사람이 있는지 생각해 보세요.

7장.

변명하지 말라

당신이 잘되시거든 나를 생각하고 내게 은혜를 베풀어서 내 사정을 바로에게 아뢰어 이 집에서 나를 건져 주소서 나는 히브리 땅에서 끌려온 자요 여기서도 옥에 갇힐 일은 행하지 아니하였나이다

창 40:14-15

 내가 아는 어느 목사님이 이런 고백을 하신 적이 있습니다. 어느 날 성도 한 사람이 찾아와 "목사님, 교회에 이러이러한 잘못이 있습니다. 특히 이런 부분은 목사님이 잘못하셨습니다."라고 이야기를 하더랍니다.
 약간 오해하고 있는 부분도 있어서 그것은 그런 것이 아니라고 설명을 시작했는데, 이야기를 이어 가다 보니 결국 몇 사람에 대해 비난하지 않으면 안 되더랍니다.
 어쨌든 대화가 마무리되었는데, 있는 사실을 그대로 이야기한 것인데도 마음이 너무나 찝찝하고, 스스로 목사로서 너무 초라한 느낌만 남았다고 합니다. 그에게 상황을 설명하려다 보니, 그가 모르고 있던 누군가의 잘못을 언급하게 되었고, 그 결과 자신에 대한 오해는 풀렸지만 교회에는 상처를 입히는 꼴이 되고 말았다는 것입니다.
 그래서 깊이 후회하면서 '이제 다시는 그러지 말자. 차라리 혼자 조용히 당하는 게 낫지. 거기에서 나의 옳은 것을 입증하기 위해 애쓰지 말자.'라고 결심했다고 합니다.

그렇습니다. 이런 경우 자신의 잘못이 아니란 것을 증명하는 것이 문제의 해결이 아닙니다. 결백을 입증한다고 그 정도의 고민과 불신이 해결되었을까요? "목사님이 안 그러셨군요. 알고 보니 그 사람이 나쁜 사람이네요." 하고 불신의 대상만 바뀌었을 뿐입니다. 차라리 묵묵히 비난을 감수했다면, 나중에 모든 것이 밝혀졌을 때 할 말이라도 있을 것입니다. 허물을 덮는 사랑으로 교회를 온전하게 세워 가자고 권위 있게 충고를 던질 수 있었을 것입니다.

여러분은 어떤가요? 당장 자신의 억울함을 풀려고 변명하는 데 급급하여, 자신이 속한 공동체에 상처를 내고 있지는 않나요? 나중에 내 편이 되어 줄 수중한 친구를 적으로 만들고 있지는 않은지요?

변명은 어떻게 시작된 것일까?

타락 이후, 인간에게는 고자질과 책임 전가의 본성이 생겼습니다. 다른 사람의 허물은 들추고, 자기의 허물은 가리려는 태도가 성품의 일부로 자리 잡게 된 것이지요.

어린아이들은 고자질이 뭔지 깨닫기도 전에 고자질을 실천합니다. 동생이나 형이 무엇인가 엄마에게 혼날 만한 일을 저지르면, 그것을 얼른 엄마에게 일러야 직성이 풀립니다. 입이 간지러워 견디지 못하는 것이지요.

그런데 재미있는 것은 정작 잘못을 저지른 아이 역시 입 다물고 가만히 있지 않는다는 것입니다. 잘못한 아이는 잘못한 아이대로 무엇인가 핑곗거리를 만들고 이유를 댑니다. 자기 책임이 아니라고 어떻게든 상황을 합리화하는 것이지요.

사실 인간에게 이러한 본성이 나타나게 된 역사는 매우 깊습니다. 구차한 변명과 책임 전가의 역사는 아담에게서부터 시작되었습니다. 아담과 하와가 선악과를 따 먹고 타락했을 때, 하나님은 아담에 물으셨습니다. "내가 네게 먹지 말라 명한 그 나무 열매를 네가 먹었느냐"(창 3:11). 그런데 '예'나 '아니요'로 대답하면 끝날 질문에 아담은 굳이 긴 설명을 덧붙입니다. "하나님이 주셔서 나와 함께 있게 하신 여자 그가 그 나무 열매를 내게 주므로 내가 먹었나이다"(창 3:12).

하와는 물론 하나님에게까지 자신이 저지른 범죄의 책임을 떠

넘기고 있는 것입니다. 하나님과 언약을 맺은 당사자가 자신임에도 불구하고, 아담은 비겁하게 변명만 늘어놓습니다. 죄가 들어오자, 변명으로 자신의 허물을 덮을 수 있으리라는 어리석은 생각을 하게 된 것이지요.

변명하지 않은 사람, 요셉

그런데 성경 속에서 우리는 아담과 전혀 다른 태도로 인생을 살아간 한 남자를 만납니다. 바로 요셉입니다.

창세기 40장 14-15절 말씀을 살펴봅시다.

> 당신이 잘되시거든 나를 생각하고 내게 은혜를 베풀어서 내 사정을 바로에게 아뢰어 이 집에서 나를 건져 주소서 나는 히브리 땅에서 끌려온 자요 여기서도 옥에 갇힐 일은 행하지 아니하였나이다.

이 말씀은 요셉이 종살이를 하다가 억울한 누명을 쓰고 옥에 갇혔을 때를 배경으로 합니다.

요셉의 인생은 고난의 연속이었습니다. 형들의 질투로 노예로 팔리게 된 것부터 보디발의 아내의 모함으로 추악한 성폭력범으로 몰려 감옥에 갇히게 된 것까지, 요셉으로서는 받아들이기 힘든 시련이었습니다.

그러나 억울하게 인생이 꼬여 가도 요셉은 좌절하지 않았습니다. 그에게는 하나님이 보여 주신 꿈이 있었고, 하나님이 그 꿈대로 자신을 중요하게 사용하실 것임을 확고히 믿는 믿음이 있었습니다. 그래서 그는 한순간도 희망을 버리지 않았고, 긍정적인 태도로 최선을 다해 주어진 삶을 살아갈 수 있었습니다.

그리고 그 결과, 요셉은 어디에서든 인정받는 사람이 됩니다. 보디발의 집에서는 주인의 신임을 얻어 그 집안의 모든 것을 돌보는 가정 총무가 되었고, 감옥에 갇혀서도 간수장의 신뢰 속에 감옥의 제반 사무를 맡아 처리하게 된 것입니다.

여러분, 요셉의 처지에서 한번 생각해 보세요. 여러분이 요셉과 같은 상황을 겪고 있다면 어떨 것 같나요? 요셉처럼 행동할 수 있을 것 같나요?

긍정적인 태도도 한두 번이지, 원망하지 않고 주어진 상황에서 최선을 다해 살아가는데, 상황이 나아지기는커녕 더 꼬여만 갑니다. 신세는 더욱 처량해지고, 앞일은 날이 갈수록 더 막막해질 뿐입니다. 그런데도 변함없이 충성스럽게 살아갈 수 있을 것 같나요?

요셉은 그렇게 살았습니다. 보디발의 집에서는 종으로서 최선을 다해 종의 삶을 살았고, 감옥에 갇혀서는 죄수로서 열심히 죄수의 삶을 살았습니다. 그런 태도가 그를 다른 사람들에게 특별한 사람으로 보이게 했고, 신임과 인정을 얻게 해주었지요.

우리에게도 요셉과 같은 삶의 자세가 필요합니다. 어차피 이 세상은 죄와 모순으로 가득 차 있습니다. 항상 우리가 이해할 수 있는 상황들만 우리 앞에 펼쳐지지는 않는 것이지요. 때로는 우리가 원하지 않는 방향으로 흘러가는 상황 속에 던져지기도 합니다.

그러나 그때에도 우리는 낙심하지 않고 최선을 다해 삶을 살아가야 합니다. 우리 마음에 드는 상황이라고 뛸 듯이 기뻐하고, 우리가 원하지 않던 상황이라고 한숨을 내쉬며 부정적이 된다면, 결코 성공적인 인생을 살아갈 수 없습니다.

계획대로 일이 풀리면 헤헤하고, 계획대로 일이 안 풀리면 절망하고 주저앉아 파괴적인 영향력만 끼치지는 않는지 돌아보세요. 그런 사람은 스스로 의도했든 그렇지 않든 결국에는 쓸모없는 사람이 되고 맙니다. 하나님의 역사와 세상의 변화 그리고 자기 자신의 발전에는 아무런 기여도 못한 채, 인생을 마감할 운명이기 때문입니다.

요셉은 긍정적이고 희망차게 생각하는 사람이었습니다. 그는 시련 속에서도 쾌활함을 잃지 않았고, 밝고 적극적인 마음으로 인생을 살았습니다. 그랬기에 그는 어떤 상황 속에서도 자신을 위해 구차한 변명을 늘어놓지 않을 수 있었습니다.

보디발의 아내의 모함으로 억울한 누명을 썼을 때, 얼마나 분하고 억울했을까요? 그러나 그는 별다른 말을 하지 않습니다. 마음만 먹었다면 얼마든지 구체적으로 자신의 억울함을 호소하고, 구해 달라고 요청할 수도 있는 상황인데 말입니다.

술 맡았던 관원장이 길한 꿈을 꾸었고, 요셉은 그것이 감옥에서 풀려나 복직하게 될 꿈임을 일러 주었습니다. 이제 3일 후면 그 사람은 바로의 옆에 서게 될 것입니다. 요셉에게는 자신의 결백을 알릴 수 있는 다시 오기 힘든 기회였지요.

그러나 자신을 구해 달라고 요청하는 요셉의 호소는 지나칠 정도로 간단합니다. "당신이 잘되시거든 나를 생각하고 내게 은혜를 베풀어서 내 사정을 바로에게 아뢰어 이 집에서 나를 건져 주소서 나는 히브리 땅에서 끌려온 자요 여기서도 옥에 갇힐 일은 행하지 아니하였나이다"(창 40:14-15). 구구절절 정황을 설명하며 억울함을 호소해도 누명을 벗기 어려울 판인데, 정말 담백하기 그지없는 말이지 않습니까?

사람에 대한 신의를 소중히 생각했기에

요셉은 왜 구체적인 해명을 포기한 것일까요? 왜 감옥에서 탈출할 수 있는 결정적인 기회를 허비하고 만 것일까요?

우선 그 이유는 보디발에 대한 신의 때문입니다. 요셉이 누명을 벗기 위해 결백을 주장하려면, 보디발의 아내가 행한 죄를 낱낱이 밝혀야 합니다. 그러면 체면이 구겨지고 상처받는 사람이 누구일까요? 바로 보디발입니다.

요셉은 그것을 원하지 않았습니다. 자기 때문에 다른 사람의 평안한 삶의 질서가 깨지기를 원치 않았고, 더군다나 자기를 인정해 주고 믿어 주었던 보디발에게 피해를 줄 수는 없었지요.

요셉은 하나님과의 관계뿐 아니라 사람들과의 관계에도 마음을 쓰며 살았습니다. 그는 인생을 아름답게 살아가기 위해서는 하나님께도 사랑받고 사람에게도 사랑받아야 함을 배운 사람이었습니다. 그래서 그는 보디발에게 피해를 주느니, 자신의 결백을 조금 천천히 입증하는 쪽으로 마음을 굳혔습니다.

요셉이 구구절절한 해명을 포기한 또 하나의 이유는 하나님이 일하고 계심을 믿었기 때문이었습니다. 그에게는 해와 달과 열한 별이 절을 하는 꿈이 있었습니다. 그는 어떤 위기와 난관이 오더라도, 하나님이 그 모든 상황을 극복하고 그 꿈을 성취해 주실 것이라는 믿음이 있었습니다. 그래서 굳이 다른 사람에게 피해를 주면서까지 자기의 결백을 입증하려 애쓰지 않은 것입니다.

요셉의 선택은 정말 탁월했습니다. 요셉은 끝까지 보디발의 입장을 배려했습니다. 여기서 우리는 한 나라를 경영할 만한 마음의 크기를 봅니다. 이미 그의 도량은 애굽의 총리에 오르기 충분할 정도로 넓었던 것입니다. 모르긴 몰라도 보디발은 모든 정황을 알게 된 후, 이전보다 더 큰 신뢰로 요셉을 밀어주었을 것입니다.

요셉이 낯선 타국에서 국무총리의 막중한 책무를 훌륭하게 감당할 수 있었던 이면에는 성공적인 인간관계가 있었음이 분명합니다. 신의를 지키며 사람과의 관계를 소중히 여긴 그의 태도는 수많은 사람을 그의 곁으로 모았을 것이며, 그 사람들이 낯선 타국에서 요셉의 힘이 되어 주었을 것입니다.

요셉도 처음에는 우리와 같았다

처음부터 요셉이 넓은 마음을 가지고 있었던 것일까요? 누구도 태어날 때부터 큰 도량을 갖고 태어나지는 않습니다. 다른 사람의 입장을 헤아리고 배려하는 마음이 처음부터 요셉에게 있었던 것은 아닙니다.

요셉은 17세 때 형들에 의해 애굽에 팔려 왔습니다. 형들이 아무 이유 없이 요셉을 미워한 것이 아닙니다. 요셉은 아버지의 총애를 한 몸에 받았을 뿐 아니라, 고자질을 잘했습니다. 그러니 형들로서는 얼마나 얄미웠을까요? 아버지의 편애도 억울한데, 잘못한 일들까지 일러바쳐 아버지와의 사이를 벌려 놓으니 곱게 보였을 리 없지요.

요셉이 형제들로부터 미움을 받았던 것은 형들의 아량이 좁았던 탓도 없지는 않지만, 요셉 또한 형들의 입장을 헤아리는 아량이 없었기 때문이기도 합니다.

그런데 그랬던 요셉이 달라졌습니다. 힘들고 어려운 일을 겪으며 다른 사람의 입장을 헤아릴 수 있게 된 것입니다. 13년 동안 하나님은 형제들에게조차 미움을 받던 철없는 고자질쟁이의 삶의 태도를 고치셨고, 보디발의 집에서 감옥까지 두루 거치게 하시며 총리가 지녀야 할 자질을 갖추게 하셨습니다.

요셉은 비관적인 상황 속에서도 상황을 바라보며 비관하는 대신 하나님을 바라보며 낙관했습니다. 그렇게 최선을 다해 주어진 삶을 살아 낸 결과, 요셉은 30세에 온 애굽을 다스릴 만한 배포와 식견을 소유하게 되었습니다. 이 얼마나 놀라운 일입니까?

요셉이 결코 처음부터 비범했던 사람이 아니었음을 명심하세요. 그 역시 우리와 똑같이 이기적이고, 옹졸한 사람이었습니다. 그러나 하나님을 신뢰하며 나아가자, 놀라운 변화가 일어났습니다. 하나님이 하나님의 계획에 합당한 존재로 바꾸어 주셨던 것입니다.

차라리 억울한 편이 낫다

사랑은 허물을 덮습니다. 그런데 생각해 보세요. 허물을 덮으면 어떻게 하나요? 다 드러내어 고치는 것이 옳다고 생각하지 않나요?

하지만 진상을 밝히는 것보다 더 중요한 것이 있습니다. 진상을 밝히는 일이 많은 사람에게 상처를 주고, 공동체성을 훼손하는 일이라면, 그냥 덮는 것이 낫습니다.

이것이 하나님이 우리에게 가르쳐 주신 지혜입니다. 차라리 조금 억울한 편이 낫습니다. 내가 손해를 보더라도, 다른 사람에게 상처를 주고 주위에 손해를 끼치는 일은 하지 않는 것, 그것이 바로 사랑이기 때문이시요.

요셉은 어떻게 했습니까? 서럽고 억울했지만, 그것을 덮었습니다. 요셉이라고 형들이 원망스럽지 않았을까요? 억울한 누명을 씌운 보디발의 아내가 밉지 않았을까요? 그러나 그는 미움을 미움으로 갚으면 남는 것은 상처밖에 없음을 알았습니다.

우리가 살면서 꼭 기억해야 할 사실 하나는 세상은 '옳고 그름' 만을 가지고 움직이는 곳이 아니라는 것입니다. 세상을 살다 보면 '옳고 그름'이 무시되는 때도 있습니다. 요셉의 사건을 보십시오. 보디발의 아내와 요셉 사이의 시시비비가 공식적으로 가려진 것이 아닙니다. 그런데도 원만한 결과가 나오기도 하는 것이 우리의 인생입니다.

그러므로 옳고 그름을 가리느라 너무 애쓰지 마세요. 우리의 힘으로 되는 일이라면 최선을 다해서 옳은 것을 추구해야 하겠지만, 그렇지 않으면 하나님께 맡기세요. 하나님이 필요하시면 드러내실 것이고, 그렇지 않으면 덮으실 것입니다.

요셉의 관대함과 아량은 하나님이 요셉에게 은혜를 부어 주셨기에 가능한 일이었습니다. 하나님이 결백을 아시기에, 사람이 몰라주는 것을 참을 수 있었습니다. 하나님이 놀라운 위로를 베푸셨기에, 사람에 대한 원망과 미움을 지울 수 있었습니다.

믿음을 가지고 살아가는 사람, 구차한 변명 대신 모든 책임을 스스로 떠안는 사람, 모두가 자기 이익을 챙기기에만 급급한 때에도, 다른 사람의 형편을 돌아볼 줄 아는 마음이 넓은 사람, 그가 바로 요셉과 같은 사람이며 은혜로 사는 사람입니다.

생·각·해·봅·시·다

1. 변명과 책임 전가의 역사는 어떻게 시작되었나요?

2. 억울한 일을 당하면 대체로 어떻게 반응하나요?

3. 요셉처럼 다른 사람의 입장을 먼저 생각하며 변명하지 않으려고 한 적이 있나요?

8장.

배우라

미련한 자는 자기 행위를 바른 줄로 여기나 지혜로운 자는 권고를 듣느니라

잠 12:15

한 청년이 내게 이런 말을 했습니다. "목사님의 책을 읽고 나서 제가 너무 게을렀다는 것을 깨달았습니다. 평소 꾸준히 스트레칭을 해두면 몸이 유연해서 어떤 운동이든 잘할 수 있잖아요. 지성도 그렇게 평소에 꾸준히 사용해야 한다는 것을 깨달았습니다. 평소 꾸준히 지성의 스트레칭을 했다면 좀 더 잘 이해가 되었을 텐데, 갑자기 어려운 책을 이해하려니 머리에서 쥐가 나더라고요."

그 말을 듣고 웃었지만, 한편으로는 깊이 공감했습니다. 그리스도인은 몸으로만 하나님을 섬기며 살아갈 것이 아니라, 지성도 하나님께 바치며 살아야 합니다. 하나님을 알아 가고, 하나님이 창조하신 만물 속에 담긴 하나님의 뜻을 배워 가며 살아야 하는 것입니다.

학교를 졸업함과 동시에 배움도 끝났다고 생각하는 사람은 어리석은 사람입니다. 학교에서 배우는 것은 인생을 살아가는 데 필요한 가장 기본적인 지시일 뿐입니다. 우리는 우리에게 주어진 삶을 활용해 더 깊고 넓고 높은 지식을 쌓아 가야 합니다.

우리가 추구해야 할 온전함은 신앙에 국한된 것이 아닙니다. 영혼은 물론 삶의 태도와 지성에 있어서도 우리는 날마다 더욱 온전해져 가야 합니다. 그것이 밥값을 하며 살아가는 삶입니다.

우리의 몸뿐 아니라 우리의 지성과 삶의 태도도 끊임없는 스트레칭으로 연마해야 함을 기억하세요. 그렇게 날마다 더욱 온전해지고자 애쓰는 사람, 그가 바로 배우려는 자세로 살아가는 사람입니다.

인간은 발전 가능한 존재다

어떤 중요한 일을 할 때, 훌륭하게 잘 준비된 상태로 임하는 것만큼 아름다운 것은 없습니다. 맡겨질 자리에 걸맞은 능력을 갖추었다는 것은, 일하는 그 사람은 물론 그와 함께 일하는 다른 사람에게까지 기쁘고 즐거운 일이기 때문이지요.

그러나 모든 일이 다 자기 수준에 맞는 것은 아닙니다. 우리는 때로 우리의 능력에 넘치는 일을 맡아야 할 때도 있습니다. 하지만 그런 관문을 하나하나 거치면서, 그 일과 함께 발전해 나가게 됩니다. 실제로 우리는 충분히 해낼 수 있는 일보다는 그동안의 한계를 뛰어넘는 일에서 커다란 성취감을 느낍니다.

그런데 막상 능력에 넘치는 일을 맡아 하다 보면, 그것이 생각보다 훨씬 더 힘겨운 작업임을 실감하게 됩니다. 이때 포기하지 않는 사람은 끊임없이 발전하게 됩니다.

한 사람을 평가하는 데 있어 이미 갖추어진 실력보다 더 중요한 것이 끊임없이 무엇인가를 배워 나가면서 성장해 가고 있는가 하는 것입니다. 다양한 지식을 가지고 있지만 더 이상의 진전이 없는 사람과 별로 지식이 많지 않지만 계속 진전하고 있는 사람 중 더 가치 있는 사람은 후자입니다. 지금 당장은 전자의 실력이 돋보인다 할지라도, 머지않아 후자가 전자를 능가할 것이 분명하기 때문입니다.

학습 이론에 있어서 학습을 촉진하는 가장 중요한 변수는 선생님도 아니고 교재도 아닙니다. 학습자의 배우려는 마음, 그것이 학습의 성과를 좌우하지요. 열심히 배우려는 평범한 사람이 배우려 하지 않는 천재보다 낫습니다.

하나님은 인간을 발전 가능한 존재로 창조하셨습니다. 그래서 배우고자 하는 마음만 있으면 모든 것에서 깨달음을 얻을 수 있습니다. 하지만 배우고자 하는 마음이 없으면 최고의 선생님과 최상의 교재가 있다 한들, 모두 소용없습니다. 배우려 하지 않는 사람에게는 발전도 없는 것입니다.

배우려는 사람이 사랑을 얻는다

배우고자 하는 사람은 끊임없이 성장합니다. 끊임없이 발전하고 성숙해 가기에 사람들은 배우려는 사람을 좋아하지요. 아니, 좋아할 수밖에 없습니다. 날마다 발전하는 모습을 바라보는 것은 즐거운 일이기 때문입니다.

화초를 가꾸는 것을 보면, 보통 수고로운 일이 아님을 알 수 있습니다. 그런데 그 일을 좋아하는 사람들은 힘든 줄 모르고 날마다 정성스레 화초를 보살핍니다. 왜 그렇게 공을 들이는지 물어보면, 한결같은 대답이 돌아옵니다. 매일 조금씩 자라나서 꽃을 피우고 열매를 맺고 하는 것이 그렇게 사랑스러울 수가 없다는 것이지요.

이것은 화초만의 이야기가 아닙니다. 사람도 마찬가지입니다. 날마다 발전하는 것, 날마다 어제보다 나은 사람이 되어 가는 것, 그것이 삶에 대한 예의입니다. 그것이 살아 있음에 대한 증명인 것이지요. 주어진 삶을 열심히 살아가며, 날마다 조금씩 자라 가는 사람을 어느 누가 사랑하지 않을 수 있을까요?

내 인생에 여러 선생님을 만났지만, 오래도록 기억에 남는 선생님은 몇 분 되지 않습니다. 그런데 돌아보면 그 몇 분의 영향이 나를 만들었다고 해도 과언이 아닙니다. 특별한 사랑의 관계 속에서 끈끈한 유대를 맺었던 선생님에게서 받은 영향력은 한 사람의 인생 전반에 미치는 막중한 것입니다.

그런데 재미있는 사실이 하나 있습니다. 바로 그 몇 분의 선생님들의 공통점입니다. 그분들은 모두 내가 좋아하는 과목의 선생님이셨습니다. 선생님이 좋아서 그 과목을 좋아하게 되었는지, 그 과목이 좋아서 그 선생님을 좋아하게 되었는지는 잘 모르겠지만, 한 가지 분명한 것이 있습니다. 그 선생님들이 나를 사랑하게 된 이유는 나에게 열심히 배우려는 열의가 있었기 때문이라는 사실입니다.

몇 년 전, 고등학교 때 영어 선생님을 30여 년 만에 만났습니다. 사실 나는 고등학교 시절, 그리 주목받는 학생이 아니었습니다. 성적도 평범했지요. 그런데 영어는 너무나 재미있었습니다. 영어가 너무 즐거워서, 구할 수 있는 대로 영어 신문이나 영어책을 구해 읽었습니다.

그러다 보니 모르는 게 있으면 어딘가 물어볼 곳이 필요했고, 결국 그 선생님을 찾아가게 되었습니다. 당시 통금 시간도 있던 때인데, 밤 10시까지 길에 서서 선생님이 지나가시기를 기다려 본 적이 있습니다. 비가 와도, 겨울의 칼바람이 불어도, 모르는 것이 있으면 선생님에게 달려갔지요.

그러니 선생님이 보기에 어린 제자가 얼마나 귀여우셨을까요? 퇴근하시는 선생님을 붙들고 가로등 보안 등불 밑에서 수시로 이것저것을 물어보았었는데, 선생님은 한 번도 귀찮아하시거나 짜증을 내신 적이 없습니다.

30여 년이란 긴 시간이 지나 어렵게 그분과 연락이 닿았는데, 선생님은 저를 또렷하게 기억하고 계셨습니다. 그분은 내 기억보다 더 자세히 그 시절의 나를 알고 계셨습니다.

배우려는 사람이 사랑을 받습니다. 여러분은 어떤가요? 언제 어디서나 배우고자 하는 마음을 지니고 있는지요?

날마다 발전하려는 태도

우리의 삶의 태도는 진리가 아닙니다. 융통성 있게 상황에 맞는 처신을 할 줄도 알아야 하고, 잘못된 부분은 고쳐 나가기도 해야 하지요. 그런데 많은 사람이 '나는 타고난 성격이 그래.', '나는 원래 이런 사람이야.', '성격은 무덤까지 간다는 말도 있어. 그러니까 나는 그냥 이렇게 살 거야.' 하며 옳지 못한 태도를 끝까지 고치지 않습니다.

이것은 쓸데없는 오기 아니면 개선의 노력을 회피하고 싶은 게으름입니다. 물론 누구나 내 맘대로, 내 식대로 살아가는 것을 좋아합니다. 그러나 그렇게 아무 변화의 노력 없이 자신의 판단과 고집이 이끄는 대로 살아가면, 발전할 수 없습니다. 그런데 더 슬픈 것이 있습니다. 그렇게 살면 어디에서도 환영받을 수 없다는 것입니다.

아무도 처음부터 배려나 이해, 겸손, 경청, 절제 등의 태도를 갖고 태어나지 않습니다. 사람들과 부대끼고 살아가면서 배우는 것이지요. 스스로 좀 더 좋은 사람이 되어 가려고 노력하는 사람만이 인생의 지지자를 얻습니다.

다른 사람의 삶을 존중하지 않고 제멋대로 말을 내뱉고 행동하는 사람은 좋은 일이 생겨도 아무도 진정으로 함께 기뻐해 주지 않습니다. 슬픈 일이 생겨 괴로워해도 아무도 말없이 안아 주며 눈물을 닦아 주지 않습니다. 우리가 다른 사람들에게서 받는 대우는 우리의 삶의 태도가 빚어낸 결과입니다.

사람들에게서 소중히 여김을 받기 원한다면, 먼저 그들에게 소중한 존재가 되어야 합니다. 은혜를 많이 받아도 삶의 태도가 잘못되어 있어 사람과의 관계가 틀어지기 일쑤라면, 은혜는 그 서러움을 덮는 데 다 소진됩니다. "하나님, 제 인생은 너무 외로워요. 사람들이 저만 싫어해요." 하고 한탄만 하는 사람은 세상에서 상처받고 하나님의 위로로 다시 일어나는 일만 반복하며 살다가 인생을 다 보내고 맙니다.

여러분은 어떤가요? 날마다 더욱 발전하려는 태도로 살고 있는지요? 고쳐야 할 삶의 태도가 있다면 고치고, 더 알아 가야 할 것이 있다면 게으름 피우지 않고 배우겠다는 각오로 청소년 시기를 보내고 있는지요?

스스로 사랑을 버는 사람

사소한 태도 하나가 얼마나 중요한지 모릅니다. 우리는 삶의 태도에 따라 매를 벌기도 하고, 사랑을 벌기도 합니다. 그런데 스스로 사랑을 버는 사람도 있습니다.

몇 년 전, 나는 어떤 과목의 전문적인 지식이 필요해서 과외 선생님을 구했습니다. 마침 내가 잘 아는 신학 교수님의 딸이 그 과목의 전공자이고 시간도 된다고 해서 일주일에 한 번 함께 공부하기로 했습니다. 그렇게 8개월 정도 강의를 받았는데, 내가 시력이 안 좋다 보니 얼굴을 또렷하게 기억하고 있지 못했나 봅니다.

부산에 교사 강습회를 인도하러 내려갔다가 그 자매를 다시 만났는데, 반갑게 인사하는데도 처음에는 누군지 알아보지 못했습니다. 나쁘게 생각하면 충분히 섭섭할 수 있는 일인데, 그 자매는 전혀 그런 기색 없이 차근차근 자기가 누구인지 기억나도록 설명해 주고 공손하게 인사를 했습니다.

1년 정도 후 그 자매의 결혼 소식을 듣게 되었는데, 그때 미안했던 일이 생각나 특별히 화환을 보내 축하해 주었습니다.

그리고 한동안 잊고 있었는데, 신학 포럼에 초청을 받아 부산에 다시 가게 되었습니다. 강연을 마치고 나오는데, 낯선 청년이

다가와 "안녕하십니까? 김남준 목사님이시죠?" 하고 말을 걸었습니다. 그래서 누구인지 물어봤더니, 그 자매의 남편이었습니다. 그러면서 봉투 하나를 주는데, 열어 보니 결혼식 때 찍은 사진 두 장과 정성스러운 메모가 담긴 카드가 있었습니다. 자신이 직장 때문에 직접 만나러 올 수 없자, 남편에게 점심시간을 이용해 찾아가 달라고 부탁을 했던 것입니다.

비행기 안에서 카드를 읽는데, 마음이 참 따뜻했습니다. "목사님이 저의 기쁜 날에 보내 주신 꽃은 저에게 말할 수 없이 큰 기쁨이요, 감사의 제목이 되었습니다. 8개월 남짓 목사님과 공부할 때 주셨던 신앙적인 가르침이 아직까지 제 마음에 남아 있습니다. 항상 기억하겠습니다. 참 감사합니다."

나는 그 자매에 대해 '참 사랑스러운 사람이구나.' 하고 감탄했습니다. 가르치는 입장으로 나와 만났었는데 내가 무심코 한 이야기도 흘려듣지 않고 있었다는 것이 대견스러웠고, 그 인연을 소중히 생각하며 작은 일에도 특별히 감사의 마음을 전하는 태도가 너무나 사랑스러웠습니다.

그러나 모두가 이렇게 사랑스러운 태도로 좋은 관계를 발전시키는 것은 아닙니다. 내가 쓴 여러 권의 책 중 『하나님의 도덕적 통치』라는 책이 있습니다. 신학적인 내용과 함께 철학적 이야기들도 함께 섞여 있어서 독자들에게는 좀 읽기 어렵다는 평을 받는 책이지요.

그렇지만 나는 그 책을 참 좋아합니다. 독서에 관한 내 생각은 이렇습니다. 읽는 책마다 모두 이해할 수 있고 무릎을 치게 한다면 그 사람은 독서를 통해 발전하기 어렵습니다. 오히려 책을 읽은 후에도 이해되지 않는 부분들이 있어서 탐구하게 하는 독서가 그를 발전시킨다고 생각합니다. 이미 있는 맹물에 또 다른 맹물을 부어 봐야 농도가 진해질 리 없듯이, 자신이 이미 다 알고 있고 이해하는 내용만 전해 주는 책이라면 그것이 어찌 책 읽는 사람을 발전시킬 수 있을까요?

어린 아기들은 묽게 끓인 죽도 간신히 받아먹습니다. 그것도 소화하기가 쉽지 않기 때문입니다. 그러나 점점 성장하면서 달걀도 먹고, 질긴 고기도 먹으면서 어른이 되어 갑니다. 우리의 신앙을 성숙하게 하는 영적 독서도 이와 같아야 한다고 생각합니다.

그런데 『하나님의 도덕적 통치』를 읽었다고 주장하는 어떤 사람이 도진직인 태도로 내게 이렇게 물었습니다. "목사님, 이 책, 도대체 누가 읽으라고 쓰신 겁니까? 이런 어려운 책을 이해할 사람이 얼마나 될까요?" 나는 바른 대답으로 그 사람의 마음을 상하게 하고 싶지 않았습니다. 그래서 대놓고 말하지는 않았지만, 속으로 이렇게 혼자 중얼거렸습니다. "확실한 사실이 있습니다. 당신 읽으라고 그 책을 쓴 것은 아닙니다."

똑같이 책을 읽다가 잘 모르는 내용이 나왔을 때 그 사람처럼 반응하는 사람도 있지만, 또 나은 태도로 반응하여 관계를 좋게 하는 사람들도 있습니다. 어떤 사람은 그 책에 줄을 쳐 가지고 와서 저자인 내게 묻습니다. "목사님, 제가 두 번 세 번 읽어도 이 부분은 이해가 잘 안 됩니다. 이 부분을 좀 설명해서 가르쳐 주실 수 있겠습니까?" 그러면 나는 그런 질문을 기쁘게 생각하며 쉽게 설명해 줍니다. 아무리 온몸이 피곤해도 그런 마음으로 다가와서 진리를 알고자 도움을 청하는 사람들은 언제나 사랑스럽지요.

끝없는 배움의 길

인생이 아름다운 것은 그 안에 끝없는 배움이 있기 때문입니다. 여러분은 어려운 일이 닥치면 그 일을 통해 무엇인가를 배우고, 기쁨이 오면 기쁨을 통해 무엇인가를 배우나요?

배움 자체는 누구에게나 달갑지 않은 일입니다. 편안히 누워 쉬는 게 좋지, 무엇인가 공부하고 연습하고 고치는 것이 뭐 그리 좋겠습니까?

하지만 배우려는 사람은 조금씩 발전해 가는 자신을 바라보며 기쁨을 누립니다. 배움은 달콤하지 않으나, 배움을 통해 달라지는 자신을 발견하는 것은 행복한 것입니다. 배우려는 사람의 삶은 아무것도 배우려 하지 않는 사람의 삶보다 치열할 수밖에 없습니다.

우리에게 꿈이 있는 한, 우리는 우리의 능력보다 큰일에 도전할 수밖에 없습니다. 그리고 우리에게 사명이 있는 한, 항상 우리가 하는 일은 우리의 힘에 부칠 것입니다. 그러면 어떻게 해야 할까요?

하나님을 의지하며 능력을 구하고, 그 일에 걸맞은 사람이 되기 위해 노력해야 합니다. 고쳐야 하면 고치고, 배워야 하면 배워야 합니다. 잘 안 되는 것이 있으면 될 때까지 해봐야 합니다. 예를 들어, 늦잠 자는 버릇을 고쳐야 한다면 알람 시계를 몇 개라도 맞춰 놓고 일찍 일어나야 합니다. 외국어 공부가 필요하다면 생각만 하지 말고 지금 당장 시작해야 합니다.

잠언 12장 15절 말씀을 살펴봅시다.

> 미련한 자는 자기 행위를 바른 줄로 여기나 지혜로운 자는 권고를 듣느니라.

미련한 사람은 자기의 행위가 바르다고 생각하며 아무것도 고치려 하지 않고 어느 것도 배우려 하지 않습니다. 그러나 지혜로운 사람은 끊임없이 하나님의 권고를 들으며 배워 나갑니다. 영국의 신학자이자 설교자인 조지 휫필드(George Whitefield)는 그의 일기에서 이렇게 말했습니다. "나는 녹슬어 없어지기보다 닳아 없어지기를 원하노라."

인생은 배움의 연속입니다. 그러나 배우려는 자세가 없는 사람은 아무것도 얻는 것 없이 인생을 마칩니다. 어려움을 통해서도 배우고, 기쁜 일을 통해서도 배우고, 위기 속에서도 배우고,

시련 속에서도 배우고, 칭찬받을 때도 배우고, 꾸중을 들을 때도 배워서, 어제보다 오늘이 더 나은 사람이 되세요. 인생이라는 제한된 시간을 잘 살다 가려면 오늘보다 내일이, 내일보다는 모레가 더 나아져야 하지 않을까요?

생·각·해·봅·시·다

1. 새로운 것을 배울 때, 배우기 어렵다고 생각되어 쉽게 포기한 적은 없나요?

2. 배우려는 사람은 사랑을 받습니다. 그 이유는 무엇인가요?

3. 날마다 발전하기 위해 반드시 고쳐야 할 잘못된 태도가 있다면 이야기해 보세요.

M·E·M·O

사명선언문

너희가 흠이 없고 순전하여……세상에서 그들 가운데 빛들로
나타내며 생명의 말씀을 밝혀 _ 빌 2:15-16

1. 생명을 담겠습니다
만드는 책에 주님 주신 생명을 담겠습니다.
그 책으로 복음을 선포하겠습니다.

2. 말씀을 밝히겠습니다
생명의 근본은 말씀입니다.
말씀을 밝혀 성도와 교회의 성장을 돕겠습니다.

3. 빛이 되겠습니다
시대와 영혼의 어두움을 밝혀 주님 앞으로 이끄는
빛이 되는 책을 만들겠습니다.

4. 순전히 행하겠습니다
책을 만들고 전하는 일과 경영하는 일에 부끄러움이 없는
정직함으로 행하겠습니다.

5. 끝까지 전파하겠습니다
모든 사람에게, 땅 끝까지, 주님 오시는 그날까지
복음을 전하는 사명을 다하겠습니다.

서점 안내

광화문점 서울시 종로구 새문안로 69 구세군회관 1층
02)737-2288 / 02)737-4623(F)

강남점 서울시 서초구 신반포로 177 반포쇼핑타운 3동 2층
02)595-1211 / 02)595-3549(F)

구로점 서울시 동작구 시흥대로 602, 3층 302호
02)858-8744 / 02)838-0653(F)

노원점 서울시 노원구 동일로 1366 삼봉빌딩 지하 1층
02)938-7979 / 02)3391-6169(F)

일산점 경기도 고양시 일산서구 중앙로 1391 레이크타운 지하 1층
031)916-8787 / 031)916-8788(F)

의정부점 경기도 의정부시 청사로47번길 12 성산타워 3층
031)845-0600 / 031)852-6930(F)

인터넷서점 www.lifebook.co.kr